마흔에 쓰는 돈 반성문

돈 걱정은 사라지고 평생 풍요로워지는 비결

마흔에 쓰는 돈 반성문

ⓒ 박성만 2018

인쇄일 2018년 3월 12일
발행일 2018년 3월 20일

지은이 박성만
펴낸이 유경민 노종한
기획마케팅 우현권
기획편집 나지은 이현정
디자인 남다희
펴낸곳 유노북스
등록번호 제2015-000010호
주소 서울시 마포구 양화로15안길 3, 2층
전화 02-323-7763 **팩스** 02-323-7764 **이메일** uknowbooks@naver.com

ISBN 979-11-86665-89-3 (03320)
값 14,000원

이 도서의 국립중앙도서관 출판예정도서목록(CIP)은 서지정보유통지원시스템
홈페이지(http://seoji.nl.go.kr)와 국가자료공동목록시스템(http://www.nl.go.kr/kolisnet)에서
이용하실 수 있습니다.(CIP제어번호: CIP2018006508)

돈 걱정은 사라지고
평생 풍요로워지는 비결

마흔에 쓰는
돈 반성문

박성만 지음

유노
북스

왜 마흔에 '돈 반성문'이 필요한가

내가 '돈 없이도 부자로 사는 법'을 주제로 글을 쓴다고 하니까, "교수님, 돈 걱정하세요?" 하고 물어 오는 사람이 있었다.

"그래요. 그냥 내 이야기 쓰면 될 것 같아요." 하고 웃으며 대답하니 "교수님 돈은 다 스위스 비밀 계좌로 가나요?" 하고 말해서 우리는 크게 웃었다.

나를 아는 사람들 중에는 내가 돈이 꽤 많은 줄 아는 사람이 있다. 프리랜서인 나도 돈 걱정하며 산다. 그래서 질문한 사람에게 내 돈 걱정을 일반화시켰는데, 그 말은 맞다.

"내가 많은 사람들과 상담해 보니 부자나 가난한 자 할 것 없이, 모두가 돈 걱정하며 살더군요."

어떻게 하면
돈으로부터 자유로울까

◆

　사람의 자존심은 돈이다. 어떤 모임이든 돈 좀 있는 사람은 목소리가 커지고, 그 주변에 사람들이 모이는 진풍경이 만들어진다. 그 돈을 얻어먹을 수도 없는데, 부자 곁에 있으면 부스러기라도 주워 먹을 수 있다는 환상을 가진 것 같다.

　돈 없는 사람은 왜 돈을 못 벌었느냐고 야단치는 사람도 없는데, 알아서 주눅이 든다. 사람들은 자의 반 타의 반, 돈을 기준으로 자기 혹은 타자를 평가하는 데에 익숙해져 있다.

　나는 돈이 없다고 투덜대거나 절망하는 사람들에게 이렇게 조언한다.

　"돈은 의지만 있다고 벌어들일 수 있는 것이 아니니, 돈으로 살 수 없는 당신 자신만의 가치를 창조하세요."

　그 일은 더 어렵다고 한다. 더 어렵다는 것은 그것의 가치를 아직 발견하지 못했다는 말이다.

당신의
'돈 그릇'을 바꿔라

◆

이제부터는 당신의 '돈 그릇'을 바꿔라. 나이 사십 대 이전의 돈 그릇에는 주로 돈만 담겨 있었다. 그것은 당신의 사회적 능력을 말해 줬다. 마흔 이후의 돈 그릇은 돈과 관련된 당신의 생각까지 담을 수 있도록 새로운 돈 그릇으로 바꿔야 한다.

돈은 자기실현의 수단에 불과하다는 것을 나이 마흔이 되면 누구나 깨닫는다.

당신의 돈 그릇에 계속 돈만 담을 것인가?

아니면 돈과 관련된 생각도 담을 것인가?

당신의 판단에 인생 후반전의 행복이 달렸다.

돈에 관해 매우 구체적이고 의미 있는 무언가를 깨달은 사람은 돈의 중요성을 부인하지는 않는다. 그러나 돈이 쌓일수록, 또 없을수록 올바른 '돈 생각'이 항상 따라붙어야 한다는 사실도 안다.

◆

돈으로 살 수 없는
나만의 가치를 발견하는 길

◆

인간 정신의 깊이가 무궁무진하듯 돈을 대신할 다른 자원도 무궁무진하다. 나는 돈 벌어야겠다고 생각해야 할 시기인 삼십 대에는 현실 감각이 둔한 탓으로 그렇게 생각하지 못했다. 돈보다 더 큰 것이 반드시 있고, 그것을 취해야 한다는 믿음을 키웠다. 돈의 위력과 중요성을 매일매일 실감하면서 말이다.

나는 질문자에게 말했다.

"사람에게는 없어서는 안 될 두 가지가 있죠. 돈과 영성spirituality이에요. 이 두 가지는 서로 상관관계에 있죠."

"돈과 영성은 서로 대조되는 것이잖아요. 육과 영, 마치 땅과 하늘과 같은 것…."

나는 손바닥으로 책상을 치며 말했다.

"맞아요. 몸과 마음, 그리고 땅과 하늘은 서로 맞물려 있지요. 그러기에 둘은 매우 관계가 밀접하다는 겁니다. 둘 모두 다 있어야 살아요."

질문자는 내가 우월한 영성으로 열등한 돈을 지배하며 사는 법을 말할 줄 알았는데, 둘은 하늘과 땅이 겹치듯이 겹쳐 있다는 말에 의아해했다.

"구체적으로 어떤 관계가 있나요?"

"그것을 앞으로 쓰겠다는 겁니다."

돈과 영성은 상당히 방어적으로 맞물려 있다. 즉, 돈이 없으면 영성으로 자신을 포장하고 싶고, 영성이 없으면 돈으로 자기를 과시하고 싶어진다.

돈에 대한 방어는 성별이나 세대 간에 차이가 있다. 어떤 사람은 많이 벌지 못하는 것을, 어떤 사람은 많이 쓰지 못하는 것을 방어한다. 연봉을 과시하거나 숨기고 싶은 이도 있고, 소비 능력을 과시하거나 숨기고 싶은 이도 있다.

이렇게 돈은 친구들끼리 어디 가서 밥 한 끼 먹어도 '복잡한 생각거리'가 된다. 이런 귀찮은 '돈 계산'을 하지 말자고 더치 페이도 생겼다.

◆

돈보다 더 중요한 것은
무엇인가

◆

사람 사는 일이 다 돈 쓰는 일이다. 아침에 일어나 잠자기 전까지 돈 없이 할 수 있는 일은 거의 없다. 내가 지금 컴퓨터 앞에서 자판을 두드리는 일도 돈이 드는 일이다.

우리는 늘 돈을 생각하며 산다. 우리의 생각에는 항상 돈이 있고,

돈에도 생각이 들어가 있다. 내가 생각하는 돈과 영성의 관계는 말할 것도 없이 돈을 생각 아래 두는 것, 혹은 돈이라는 무생물에 생각이라는 정신을 불어넣는 것이다.

돈을 생각 위에 둔다는 말은 무슨 뜻일까? 돈이 생각을 지배하는 것이다. 돈이 생각을 지배하면 돈 인격이 된다. 그의 정신은 온통 돈으로 도배되어 있다.

대형 마트에서 일만 원짜리 바지를 사 입었다고 하자.

"내가 돈이 없어서 일만 원짜리 바지를 사 입은 거니, 다음 달에 상여금 받으면 백화점에 가서 십만 원짜리 바지를 사 입어야겠다."

이렇게 생각하면 돈이 생각 위에 있는 거다. 그러면 그는 돈에 종속된다. 그에게 바지는 입는 기능이 있는 바지 그 이상을 의미한다. 그렇게 돈맛은 매혹적으로 그를 지배한다. 그의 생각 위에는 돈, 돈, 돈이 군림한다.

그렇다면 돈을 생각 아래 둔다는 것은 뭘까? 일만 원짜리 바지든, 십만 원짜리 바지든, 바지에 바지의 원래 기능 이상을 두지 않는 것이다. 옷의 원시적 기능은 신체 일부를 가리거나 체온을 보존하는 일이다.

현대 사회는 옷에 예의범절 기능을 추가했다. 문명화는 돈에 의미를 과잉해서 부여함으로 모든 것을 다 복잡하게 만들었다. 나이 마흔 이후에는 돈에 의미를 과잉 부여한 것을 덜어 내야 돈으로부터 보다 자유로울 수 있다.

돈을 다스리는
생각

　자연으로 돌아가겠다는 가치관과 의지를 가진다면, 생각보다 돈
은 많이 필요하지 않다. 우리는 물건을 쓰지 못해서 괴로운 것이 아
니라, 더 좋은 물건을 사지 못해서 괴롭다. 상대적 박탈감의 시대에
살고 있기 때문이다.

　상대적 박탈감을 벗어던지지 위해서는 루소가 말한 대로 자연으
로 돌아가야 한다. 바지가 추위에서 몸을 보호할 수 있도록 착용하
는 옷 이상의 의미를 가지는 문화, 그것은 문명의 혜택이 아니라 문
명의 저주다. 바지가 바지라는 의미만 가지게 하는 것, 그래서 더
이상의 소유에 집착하지 않는 영성은 자연주의에서 나온다.

　내가 이 책에서 말하고 싶은 것은 문명을 버리고 모두가 자연으
로 돌아가자며 이상 세계를 그리는 것은 절대 아니다. 돈으로 기운
정신의 축을 조금만 반대쪽으로 옮겨 보자는 거다. 심리 상담사로
서 많은 사람들과 깊이 있는 대화해 본 결과, 돈에 관한 한 사람들
은 자기만의 이해와 실천이 있다.

　돈으로 가 있는 정신의 축을 조금만 반대 방향으로 이동해도 당
신의 돈 그릇은 넓어지고 인생도 가벼워진다. 육신의 삶을 살고 있
는 한 각자의 돈 지게를 내려놓을 수는 없지만, 불필요한 짐은 선별

해 내려놓는 일을 얼마든지 가능하다.

　중년 이후의 자기실현은 내면의 작업뿐만 아니라, 돈을 대하는 생각을 바꾸는 일도 함께 병행되어야 한다.

　나는 이 책에서 당신의 어깨를 누르는 돈의 무게를 근본적으로 덜어 줄 것이다. 그것은 돈으로 기운 생각의 추를 무소유를 지향하는 자연주의로 조금이라도 더 이동시키는 내면의 작업이다.

2018년 2월

분당 가나심리치료연구소에서

박성만

차례

2. 돈 아래 있는 사람, 돈 위에 있는 사람 _마흔의 돈 습관

3. 평생 돈 걱정 없이 사는 법 _마흔의 돈 관리

4. 일생에 한 번은 돈 반성문을 써라 _마흔의 돈 반성문

1

마흔의 '돈'은
'돈'만이 아니다

_마흔의 돈 생각

한 번쯤
돈에 미치는
경험을 해 보라

:

돈에 넉넉한 사람은 다른 모든 것에도 넉넉하다. 돈 인심이 곧 그 사람 마음의 넓이다. 쓰는 것만 내 돈이란 말이 있지 않는가. 돈은 쓰는 만큼 마음도 넓은 사람이 된다.

친구들과 식당에서 식사하고 있을 때였다. 교복을 입은 한 여학생이 향초와 복권 한 장을 넣은 봉지를 내밀며 일만 원에 팔아 달라고 했다. 상품 가격은 기껏해야 이천 원 정도겠다. 식당 손님들은 진실성을 의심하고 대부분 모른 척했다. 나는 얼른 일만 원을 꺼내 팔아 주었다. 그 순간 나는 일만 원을 쓰고 일만 원을 번 만큼 부자가 된 느낌이 들었다.

수백만 장자에 오른 미국의 부호 토미 갤러거는 일흔이 넘은 나이에도 여전히 돈 때문에 불안하다.

"흙수저였던 나는 월가에서 운이 좋아 돈을 벌었다. 그러나 여전히 충분한 돈을 소유하지 않았다는 걱정 때문에 여전히 불안하다."

나는 갤러거에게 이렇게 말해 주고 싶다.

"백만 달러만 기부해 보세요. 당신 삶에 아무런 문제도 생기지 않는다는 사실을 발견하는 것은 물론, 오히려 백만 달러만큼 더 부유해질 겁니다."

실천해 보지 않고는 배울 수 없다.

◆

가난에 맞서던 시절에 배운
값진 교훈

◆

S는 따뜻하지만 무모한 데가 있고, 무모해 보이지만 따뜻한 데가 있어서 좋은 사람이다. 일생을 무모하게 살지 않겠다고 하는 사람처럼 지루한 사람도 없다. 가끔은 남들이 보기에 무리해 보이는 일을 저지를 수 있는 용기야말로 살아 있다는 증표다. 무리하지 않고 사는 법은 샌님이 되는 길밖에 없다.

스승의 날, S에게 선물을 받았다. 스승의 날 선물이란 것이 스승을 기억하고 있다고 예의 차리는 정도다. 선물의 효용성보다는 선물 받는 것 자체로 즐겁다. 그런데 S의 선물은 달랐다. 그때는 내가 한창 산에 다니던 때였다. 이것을 알고 있던 S는 좋은 브랜드의 등산 셔츠를 선물했다. 등산복에 등산복 이상의 의미를 두지 않는 나는 이월 상품을 값싸게 사 입던 터라, 좋은 브랜드 신상품에 흐뭇했다. 그게 S의 마음이다. 이왕 선물하는 거 좀 더 투자해서 받는 사람을 즐겁게 한다. 돈 쓸 줄 아는 사람이다.

S는 경제적으로 어렵게 성장기를 보냈다. 대학을 다니는 내내 닥치는 대로 아르바이트를 했다. 보통의 경우 돈이 결핍되면 정서적으로도 결핍된다. 가난한 집 부모는 자식에게 애정을 제대로 집중하기가 어려운 까닭에서다.

그녀는 매우 가난했기에 외로운 성장기를 보냈으나, 어떻게 해서든지 돈을 벌어 가난을 탈피하겠다고 하지도 않았다. 그냥 생존을 위해서 일하면서 공부해야만 했다.

그녀는 돈의 바닥, 그리고 돈이 없는 외로움의 바닥을 기어 다녔다. 가난의 밑바닥이 어떤 곳인지, 그곳이 인간을 얼마나 비정하게 만드는지를 경험해 봤다.

S는 과거의 힘든 시절을 미친 시절이라 했다. 그리고 정신과 치료와 약물에 도움받지 않고 다시 올라오는 경험을 했다. 가난에 좌절만 하면 남는 것은 가난의 상처뿐이다. 가난과 맞서 치열하게 미쳐 보라. 가난에 맞서 미쳐 보는 것이야말로 돈 주고는 살 수 없는 값진 경험이다.

S는 닥치는 대로 돈을 벌어 생활비와 학비를 대야 했다. 며칠 동안 잠을 거의 못 잔 적도 있었는데, 그것은 거의 미친 생활이었다. 돈에 미쳐 보았기에 미친 돈에 말려들지 않았고, 돈 많이 가진 사람

1 마흔의 '돈'은 '돈'만이 아니다 _마흔의 돈 생각

들로부터 냉대를 받아 보았기에 따뜻한 마음을 나누는 것이야말로 인생의 소중한 자산이라는 것을 깨달았다.

그때는 몰랐지만 그 생활이 따뜻한 인간애를 만들어 준 기간이었다고 S는 회고한다. 그녀의 따뜻한 인간애는 타인을 배려하는 따뜻한 돈 쓰기에서 나타난다.

돈과 맞서 미쳤다 다시 살아난 사람에게 돈은 종잇조각이다. 돈에 돈 이상의 의미를 두지 않는 일은 돈에 맞서 따뜻한 인간애로 승리한 사람만 아는 삶의 진실이다.

S의 그달 신용 카드 대금 청구서를 보면 그녀가 무모하지만 따뜻하다는 걸 알 수 있다. 아마 구두쇠로 살기로 한다면, 30퍼센트 이상은 저축할 수 있을 것이다. S는 30퍼센트를 저축한 부자가 아니라, 30퍼센트를 더 쓰는 부자를 선택한 것이다. 따뜻한 인간애에서 나온, 위대한 돈의 실천 철학이다.

◆

쓰는 만큼
부자가 된다

◆

미국의 패밀리 웰스 컨설팅 설립자이며 심리학자 제임스 그럽맨은 뉴욕 타임스 인터뷰에서 이렇게 말했다. 부자에 적응해 가는 과정에서 생기는 스트레스는 일반인들이 생각하는 경우보다 많지만 부자가 무슨 스트레스를 받냐며 이해하지 않으려는 것이 일반적인 시각이라는 것이다.

내 심리 클리닉에서 그의 부로 자존감, 안전, 자부심, 자유 등을 얻으려다 실패한 내담자를 종종 만난다. 그들은 가진 돈만큼 자존감도 올라가지 못해 공허하다. 쓰는 만큼 부자가 되고 자존감도 올라가는 경험을 할 필요가 있다.

성경에서 부자가 천국 가기는 낙타가 바늘귀를 통과하려는 것처럼 어렵다고 했다. 부자는 그만큼 쓰지 않는다는 말이다. 방법은 있다. S가 돈을 벌려고 돈에 미쳤듯이, 부자는 돈을 마음껏 써 보는 미친 경험을 해 봐야 한다.

한 자영업자가 그해 사업이 잘돼 큰마음을 먹고 일억 원을 한 단체에 기부했다. 그의 아내는 당신이 무슨 재벌이냐, 재벌도 이렇게 안 한다, 당신 미쳤다고 야단법석을 떨었다.

그는 그런 아내에게 이렇게 말했다.

"그래 나 미쳤어. 우리 함께 미쳐 보자. 미친 낙타는 바늘귀도 통과한다."

이미 기부한 것을 물러 달라 할 수도 없고 해서, 아내는 우린 미친 부부라고 생각하기로 했다.

당신도 한 번쯤은 돈에 미친 경험을 해 봐라. 그때에 나온 정답이 바로 당신의 자산이다.

<u>한 줄</u> 돈 반성문

더 가지지 못해 불안하다면 모으는 만큼 부자가 되는 것이 아니라 쓰는 만큼 부자가 된다는 말을 명심하라.

돈으로 꾸민
겉모습은
결코 개성적이지 않다

사십 대 중년 R는 자연 그대로 옷을 입는 것을 즐긴다. 그녀가 주로 입는 옷들은 백화점에서 구입하거나 누구나 알 만한 브랜드 옷이 아니다.

손쉽게 구입할 수 있고 값싼 옷이란 점에서 평범하지만, 디자인만은 평범하지 않다. 아무나 쉽게 고르기 어려운, 잘못 입으면 촌스러워 보일 옷을 구색을 맞추어 세련되게 잘 입고 다닌다. 그녀만의 매력이 돋보인다.

옷 가격을 중요시하는 사람들은 그녀의 옷이 브랜드가 아님을 첫눈에 알아볼 수 있다. 그러나 지나가다 한 번 더 눈길을 주고 싶은 그런 옷차림인 것만은 분명하다. R는 동네 옷가게를 주로 애용하고 가끔은 남대문이나 동대문 시장을 나들이 삼아 가기도 한다.

옷에 큰돈을 투자할 필요성을 못 느끼는 사람이다.

◆

"옷은 돈이 아니라
개성이다"

◆

어느 날, R는 백화점에서 한 벌 옷값밖에 안 되는 돈으로 네 식구 옷을 한 벌씩 사 가지고 왔다. 그날따라 사는 게 너무 누추해 보였다. 우울한 마음을 달래려고 전신 거울 앞에서 이 옷 저 옷을 입어 보고 패션쇼를 했는데, 이상하게 기분이 좋아졌다.

R는 그 패션쇼를 '의상 의례'라고 칭했다. 가톨릭 미사에서 평범한 포도주와 떡이 의례를 거쳐 그리스도의 피와 살이 되듯이, 의례는 속된 것을 거룩하게 한다. 의례를 잘 치른 옷은 값싼 것도 명품이 된다.

R가 의상 의례를 치르면서 깨달은 바다.

"옷은 돈이 아니라, 개성이다."

당신 옷차림에 돈으로 도배할 것인가, 개성으로 도배할 것인가? 당신 몫이다.

R의 의상 의례는 외출하기 전 날에 이루어지며 매우 간단하다. 먼저 내일 입고 갈 옷 한 벌을 옷걸이에 걸어 놓고, 제삼자의 입장에서 얼마나 잘 어울리는지 살펴보고 아니면 구색을 바꾼다. 이상

적인 조합이 갖추어지면 직접 옷을 입고 전신 거울 앞에 서서 자신에게 말해 둔다.

"옷은 개성이다. 너는 너만의 개성을 가진 가장 멋진 여성이다."

의례는 10분 내외로 끝난다. 그녀에게 10분은 자신만의 개성을 찾아 세상에서 가장 부유한 사람이 되는 시간이다.

R에게 의상 의례는 옷에서 돈 이상의 가치를 발견하는 소중한 시간이다. 10분을 투자해서 시장 옷을 명품 옷으로 변형시킬 수 있고, 자기만의 개성과 낭만을 찾을 수 있다면 누구나 할 수 있지 않을까? 그녀에게 옷은 제의 도구로서 중요성을 가졌지 가격은 전혀 중요하지 않다.

어느 봄날, R는 대학원 동문 몇몇과 함께 인사차 나를 찾아왔다. 나는 R보다도 R의 옷차림에 눈이 갔다. 그녀는 가을에나 어울릴 개량 한복 분위기를 낸 갈색 반코트를 입었다. 코트에는 같은 갈색 계통의 브로치를 달았는데 잘 어울렸다.

내가 말했다.

"당신 옷차림이 나는 자연인이라고 말하고 있어요. 귀가 열려 있는 사람은 당신의 옷을 눈이 아닌 귀로 들을 겁니다."

R는 활짝 웃으며 말했다.

"아, 이 옷이요? 마을 바자회에서 아주 싸게 구입한 거예요. 제가 물감만 다시 들였죠. 브로치는 노점상 물건을 하나 팔아 주려고 산 거고요."

나는 마주 앉은 그녀의 편안한 옷을 물끄러미 바라만 보고 있었는데도 마음이 다 편안해졌다. 자기애적인 사람은 자기만을 위해서 옷을 입지만, 개성 있는 사람은 타인을 위해서도 옷을 입는다.

　의복 심리를 연구한 콤프턴은 자기 확신이 부족한 사람일수록 옷에 대해 과도하게 집착하고, 자기 확신이 높을수록 옷에 의존하는 정도가 낮다고 했다.

　같은 분야를 연구한 스나이더는 상황에 맞추려고 애쓰는 사람들과 자신의 본래 모습을 유지하려는 사람들을 두 유형으로 분류하고 자신의 본래 모습을 지니려는 사람일수록 개성 있는 옷 입기를 즐기고, 패션 감각도 더 좋다고 했다.

◆

값비싼 옷은
자아를 집어삼킨다

◆

　자기애적인 사람은 돈으로 옷 입기를 즐긴다. 오래 전, 경찰 대학 교목 실장으로 있을 때의 일이다. 서울 모 교회 선교회 임원들이 선교 협의차 내 사무실을 방문했다. 내 앞에 앉은 한 사람이 입은 옷이 무척 화려했다.

　나는 이야기에 집중하지 못하고 자꾸 옷의 색감과 모양을 바라봤다. 그 사람도 내 이런 생각을 눈치챘는지 자세가 불편해 보였다. 나중에야 그 옷은 상당히 비싼 명품 옷이라는 것을 알았다. 옷이 그녀를 보호한 것이 아니라, 그녀가 옷을 보호하고 있었다.

잘 차려입은 치과 의사와 심리 상담한 적이 있다. 그는 세월의 흔적이 있는 내 셔츠가 눈에 들어왔는지, 자기는 국산 최고급 브랜드 셔츠를 즐겨 입는다고 자랑삼아 말했다. 말하자면 돈 자랑이다.

그는 치과 의사로도 자기 확신을 가질 수 없었다. 명품 옷을 고집했으나 그것도 낮은 자존감을 보상해 주지 못했다. 돈에 돈 사람처럼 사는 이 남자의 아내가 오죽 힘들었으면 돈의 혜택을 거부하고 이혼하자고 했을까?

나는 매주 상담실에 올 때마다 바뀌는 이 남자의 명품 옷차림새를 보면서, 그 옷을 다 벗어 내던져야 아내와 화해할 수 있고, 자존감도 올라갈 수 있을 것이라 생각했다.

옷차림은 자아의 표현이지 자존감의 표현이 아니다. 그러기 위해서 값비싼 옷도 필요할 수 있겠지만, 옷이 값비쌀수록 자아를 집어삼킬 수 있다는 점을 명심하라.

아침에 입을 옷을 고르기 힘들어 걸린다는 '패션 우울증'이란 신종 병명도 있다. 그 우울증은 옷으로 자존감을 표현하지 못해서 오는 마음의 병이다. 전날 10분만 투자해 전신 거울 앞에서 의상 의례를 해 보라.

"옷은 돈이 아니라, 개성이다. 당신은 당신만의 개성을 가진 가장 멋진 사람이다."

한줄 돈 반성문

자기 확신이 부족한 사람일수록 옷에 과도하게 집착하고, 자기 확신이 높을수록 옷에 의존하는 정도가 낮다.

돈이 아니라
돈을 대하는 생각이
중요하다

대상관계 심리학에 의하면, 대변은 아동에게 엄마나 다름없다. 아동이 대변을 아무 데나 싸는 행위는 엄마를 방출하는 심리로 엄마에 대한 공격성이라면, 변비는 엄마를 보유하려는 분리 불안에서 나온다.

정신 분석에서 아동이 변을 대하는 태도는 성인이 돈을 대하는 태도와 연결된다. 아무 데나 방출하는 것은 돈을 낭비하는 사람을, 변비는 돈에 인색한 사람을 만든다. 살아 있는 한 모성이 필요하듯이 돈도 필요하다.

그러나 성장의 중요한 단계에서는 모성과 분리해야 하듯이 돈에 대한 애착에서도 벗어나야 한다. 그래야 돈이 모든 것을 채워 줄 것이라는 헛된 욕망에서 벗어날 수 있다.

◆

돈으로도 채울 수 없는
관계의 욕구

◆

Y는 주식과 부동산 투자로 돈을 벌어 고급 타운 하우스에서 살고 있었고, 고급 외제 승용차를 타고 다녔다. 그래서 Y가 신용 카드로 돌려 막고 사는 줄은 상상도 못했다.

돈으로 폼 좀 내 봤으면 좋겠다는 젊었을 때의 야심이 이루어지는가 싶었다. 그러나 돈을 버는 사람이 있으면 쓰는 사람은 따로 있게 마련이다.

"착하고 돈 없는 남편보다, 외도를 하더라도 돈 많은 남자가 좋겠어요."

Y의 진심이다. Y의 남편은 작은 유통업을 운영하는데, 걸핏하면 아내에게 사업에 필요한 돈을 요구했다. 남편은 늘 이번만 잘 넘기면 대박이라고 했다. 의심은 있었지만, 언젠가는 그 대박이 터질 수도 있다는 막연한 믿음을 Y는 가지고 있었다.

Y가 벌어들인 돈은 남편 통장으로 갔다가 유령처럼 사라진다. 알고 보니 남편의 사업은 이미 벼랑으로 떨어진 지 오래됐고, 아내의 돈을 뜯어내어 놀고먹으며 즐겼다. 설상가상으로 주식은 폭락하고 부동산값도 하락해 Y는 큰 피해를 보았다.

어려움은 기다렸다가 때를 맞추어 한꺼번에 온다. Y는 재수 없게도 뒤따라오는 차 때문에 교통사고가 났다. 교통 상해를 치료하다가 암까지 발견돼 수술도 받았다.

남편은 아내의 병원비를 낼 능력이 되지 않아 아내가 다 알아서 하겠지 하고 남 일 대하듯 했다. Y는 수술 당일에도 수술비를 비롯해 당장 쓸 돈을 마련해야 했다. 혼자서 신용 카드를 들고 병원에 있는 현금 인출기 앞에서 줄을 서고 기다려야 했다.

돈 없이는 단 하루도 살지 못한다. 돈을 벌려고 새벽부터 자정 넘어 까지 뛰어다니는 게 인생이다. 그래도 항상 부족한 게 돈이다.

따뜻한 마음을 가진 Y는 남들의 어려운 사정을 듣고 쾌히 도움을 준 적이 많았다. 지금 어려움에 빠진 Y, 과거에 도움을 준 사람에게 도움을 청하려 하자 자존심이 상했다. 청해야 거절당할 것 같다. 그녀는 인간관계를 돈의 하위 메뉴 정도로 생각했다.

"돈 많은 사람에게 돈이 없어지면, 돈을 따라 함께 온 사람들도 떠난다."

Y는 누군가에게 들었던 이 말을 떠올리며 현금 서비스로 받은 돈을 들고 병원 원무과로 향했다. 수술 침대에 누워 수술실로 들어가는 중에 자기도 모르게 든 생각이다.

"퇴원하고 보자. 무슨 일을 해서라도 돈을 벌어야겠다. 아니면 돈 많은 영감이라도 만나야겠다."

미국의 대인 관계 심리학자 해리 스택 설리번은 인간의 기본 욕구를 만족과 안심의 욕구라고 했다. 이 욕구들은 생물학적 욕구와 더불어 사람들과 관계를 맺고 싶어 하는 욕구를 포함한다. 돈으로 생물학적 욕구는 채울 수 있지만, 관계의 욕구까지 다 채우지는 못한다. 그러나 사람들은 돈이 없으면 관계도 깨진다고 생각한다.

아들러가 한 말을 기억하라.

"인생이 힘든 게 아니라, 당신이 인생을 힘들게 만드는 거다."

평생 구두쇠란 소리를 들으며 한 푼 두 푼 모으는 데만 전념했던 노인이 수술실로 들어가기 직전에 아들에게 이렇게 말했다고 한다.

"수술 의사에게 돈 좀 갖다 줘. 그래야 수술을 잘해 줄 거야."

사람들은 돈이 아동기의 엄마처럼 안전을 보장해 준다는 환상을 가지고 있다. 돈은 곧 엄마이기 때문이다.

◆

돈에 대한 애착에서
벗어나야 성장한다

◆

긴 수술이 끝나고 깨어난 Y, 난생 처음으로 몸의 세포가 다 찢어지는 통증을 겪어야 했다. 며칠이 몇 주처럼 느껴졌다. 그리고 통증이 끝날 무렵, Y에게 이상한 변화가 왔다. 마치 긴 여행을 마치고 돌아온 기분이었는데, 여행은 있는 그대로 자신의 모습을 보게 했다. 그런 의미에서 마음의 고통뿐만 아니라 육체적 고통도 인생의 큰 스승이다.

나는 왜 돈 되는 부동산을 찾아 전국을 뛰어다녔고, 주식 투자에 신경을 곤두세우고 있었는가?

정승처럼 살려고 그랬다.

왜 정승처럼 살려고 했는가?

남들에게 인정받고 싶었기 때문이다. 사교 모임에서 돈 좀 쓰면 사람들은 내게 호의를 보인다. 나는 그게 좋았다.

그래서 얻은 것이 무엇인가?

남편을 의존적으로 만들었고, 스트레스로 갑상선 암에 걸렸고, 형식적인 인간관계에 매였고, 그리고 지금은 망했다는 낭패감을 느낀다. 인생에서는 돈이 아니라 돈을 대하는 내 생각이 중요하다.

"나는 아직 망하지 않았다. 망했다는 생각이 망하게 만들었을 뿐이다."

몸이 아프면 영혼은 위로 상승해 영적인 것을 깨닫지만, 몸이 다시 건강해지면 영혼은 다시 아래로 하강해 육에 갇힌다. 퇴원 후에 남들에게 보이기 위해 타고 다니던 고급 외제 승용차를 팔고 버스 타고 집으로 돌아오는 길에 Y는 서러웠다.

몇 개월 후에는 집을 팔았는데 신분이 하락하는 것 같아서 일시적 우울증도 왔다. 돈만이 서러움과 우울증을 극복할 수 있다는 생각이 다시 고개를 들었다. 그러나 한 번 영혼이 상승해 깨달은 사람은 인간의 부질없는 욕망을 이겨낼 수 있다.

안전과 만족의 욕구를 꼭 돈에서만 얻으려는 것은 미성숙한 유아가 엄마를 옆에 붙어 있게 하려는 것과 같다. 유아는 성인이 되면서 관계 안에서 돈으로 환산할 수 없는 안전함과 만족감을 얻는다.

성숙한 사람은 돈에 집착하지 않고, 의미 있는 인간관계를 만들어
가는 것으로 안전함과 만족감을 얻는다.

한줄돈반성문

인생에서 안전함과 만족감은 돈이 아니라, 오히려 돈에 집착하지 않으려
는 마음가짐과 의미 있는 인간관계가 보장한다.

서로 주고받아야
성숙한 금전 관계를
이룬다

정년 퇴임을 이 년 앞둔 오십 대 후반 A씨는 요즘 잠을 설친다. 원래 예민한 편이어서 스트레스받는 일이 있으면 늘 그렇지만, 이번에는 우울하기까지 하다.

그가 한 말이다.

"할 수 있으면 많은 사람들과 우호 관계를 맺는 것이 제 삶이 원칙입니다. 그런데 평소 잘 지내던 직장 동료와 갈등이 생겼고, 그 갈등은 제 삶의 원칙을 훼손했습니다. 문제는 돈입니다."

A에게는 고교와 직장 후배 B가 있다. A는 경제적으로 힘들어하는 후배에게 남다른 측은지심을 가지고 있다. 직장 내에서는 둘을 형제로 볼 정도였다.

이런 특별한 관계는 A가 퇴임해야 하는 나이까지 계속됐다. A가 가진 '모든 사람과 잘 지내기' 원칙 때문에 가능했다.

B는 성장기의 애정 결핍과 아내와 겪는 갈등 때문에, A에게 사는 것이 힘들다는 호소를 자주 했다. 알코올 의존도도 심했다. 형 같이 대해 주는 A에게 금전적으로 의지했고, 수십만 원에서 수백만 원까지 빌려 쓰고 갚고를 반복했다.

그때마다 A는 이자를 면제해 주었다. A는 후배가 노름하거나 술값을 과도하게 써 돈이 부족하다는 것을 알고는 있었으나, 사생활이니 돈을 빌려주면서 용도를 캐묻지는 않았다.

◆

관계를 좀먹는
돈 문제

◆

하루는 B의 아내에게 전화가 왔다.

"그이에게 돈 빌려주지 마세요. 버릇만 나빠집니다."

A는 B의 아내가 힘들다는 것을 대충은 짐작하고 있어서 그 요청을 거절할 수 없었다. 그리고 후배의 요구를 어떻게 거부하느냐로 고민했다.

A가 퇴직금을 조기 정산하던 날, B가 그 일을 어떻게 알았는지 일천만 원을 빌려 달라고 했다. 평소에 비해 빌리는 액수가 큰 데다 퇴직금을 노리는 것 같아 기분 나빴고, B의 아내에게 한 약속도 있

고 해서 거절해야 했다.

그런데 A는 우물쭈물하며 의사 표시를 분명히 하지 못했다. B의 요구를 거절하다가 사람까지 잃는 것은 아닌가 하는 불안이 올라온 것이다.

B는 내가 어려운 일을 당하면 제일 먼저 달려와 내 손을 붙잡아 줄 사람이다. 그런데 내가 이 요구를 거절하면 지금까지 공들여 쌓아 온 관계가 깨질 것이다.

"젊었을 때에 책에서 본 내용입니다. 당신이 힘든 일을 당했을 때에 전화하면 당장 달려올 친구 세 명이 있는가? 그렇다면 당신의 인생은 성공했다. 그렇지 않으면 실패한 인생이다."

A는 이 글귀가 가슴에 팍 다가와, 그 세 명을 얻으려고 아니 세 명 이상을 얻어 성공한 사람이 되기 위해 돈 인심을 후하게 사용해 왔다.

하다 보면 사람 좋다는 말도 들으니 할 만했다. 그리고 어떤 때는 강박적으로 했다. 선한 행위가 모두 다 선한 동기에서 나오는 것은 아니다.

친구 세 명을 얻으려는 행위가 나쁘다고는 할 수 없으나, 선하다고도 할 수 없다. 분명한 것은 남을 위해서가 아니라, 나를 위해 돈을 쓴 것이나 다름없다.

◆

상호 주고받아야
인간관계가 성숙한다

◆

영국의 정신 분석학자 윌리엄 페어베언은 성숙한 인간관계를 상호 주고받는 관계라고 했다. 그러기 위해서 나와 타인 간에는 안전한 거리personal space가 있어야 한다.

성숙한 금전 관계도 그러하다. 만일 내가 상대에게 일만 원을 주었다면 상대는 나에게 빚진다는 부담을 가진다. 이게 계속되면 한쪽은 주고 다른 한쪽은 받는 것이 당연해진다.

그런데 상대가 자신의 형편에 맞게 무엇을 돌려준다면 빚의 채무 관계는 없어진다. 페어베언은 미숙한 인간관계를 유아적 의존이라 했는데, 이는 일방적으로 주거나 받는 관계를 말한다.

정신 분석에서 자기애적 모성애가 있는 엄마는 유아를 분리시키지 못하고 내 것으로 만든다. 자기애적 모성의 특성이 있는 돈에는 타인을 내 것으로 만들려는 데 사용하려는 욕망이 들었다.

돈은 일시적으로 사람을 얻게도 하지만, 그것의 수명이 다하면 얻은 사람을 잃게도 한다.

표면상으로 A가 우울한 이유는 후배에게 돈을 빌려주지 못했기 때문이다. 그보다 근본적인 이유는 무의식에 지정된 '세 명'을 상실할까봐서다.

나는 A에게 말했다.

"세 명이나요? 그들도 자신의 일로 바쁩니다. 당신에게 달려오지 못해도 친구는 친구입니다. 세 명이 아니라 한 명도 못 와도 그것은 인생의 성공 여부와는 전혀 상관이 없습니다."

모든 사람이 친구가 될 수는 없다. 누구든 친구 될 사람은 친구 되고, 친구 안 될 사람은 안 된다. 돈으로 만든 친구가 있다면 그에게 돈을 끊어 보라. 그래도 그가 내 곁에 있다면 그는 친구다.

만일 당신이 보상을 요구하고 상대방에게 돈을 썼다면, 상대방은 그 동기를 알게 된다. 돈은 자녀를 위해서는 모든 것을 다 할 수 있는 마법의 모성과 같다.

일단 받으면 좋고 그 앞에서 고개를 숙인다. 하지만 엄마에게 통제받는 자녀가 뒤에서 엄마를 흉보듯이, 그는 뒤에서 돈 준 사람을 흉본다. 아무런 보상 없이 돈을 베푸는 일은 천사에게나 가능하다.

◆

돈이 쌓일수록
성숙한 주고받기가 필요하다

◆

서울시민대학에서 "마음으로 하는 부모와 자녀의 관계 연습"이란 주제로 강의할 때였다. 육십 대 후반으로 보이는 분이 강의에 참여하게 된 동기를 말했다.

"대학생들을 대상으로 설문 조사를 했는데, 다수는 부모가 칠십 대까지만 살고 유산을 자식에게 물려주고 떠나기를 원했다고 합니다. 이 뉴스 보고 울적해서 여기에 왔습니다."

이것은 돈으로 대신하는 모성을 착취하는, 자녀의 반란이다. 그러나 자녀는 그들의 부모에게 반란하게 돼 있다는 것도 명심하라.

"어르신께서는 부모님으로부터 유산 상속을 받으셨나요?"

내가 묻자 그 사람은 받을 만큼 받았다고 답했다. 그리고는 생각나는 일이 있었던지 아무 말도 하지 않고 고개를 떨어뜨렸다. 자신 역시 과거에 모성인 돈을 착취하려는 욕망이 있었기 때문이다.

모성인 돈은 타인을 통제하는 수단으로 사용된다. 또한 언젠가는 모성을 갈망하는 누군가에게 당연하다는 듯이 착취당하기도 한다. 모성이 적당해야 자녀가 성장하듯이 돈을 절제 있게 사용해야 관계가 성장한다.

심리학자들은 돈이 쌓이면 그것 때문에 비도덕적으로 변하지는 않을까 하는 불안과 두려움도 함께 생긴다고 한다. 아내의 사업으로 돈이 쌓인 A는 그런 감정을 처리하기 위해서라도 돈으로 사람을 얻으려 했다.

돈이 쌓일수록 자기 자신은 물론 타인과도 일정한 거리를 유지하며 성숙하게 '주고받기give and take'를 해야 한다. 어차피 남기고 갈 돈, 천사가 되고 싶으면 아낌없이 주고 어떤 보상도 구하지 말라.

한 줄 돈 반성문

돈이 쌓일수록 자기 자신은 물론 타인과도 주고받아야 성숙한 인간관계
도 만들어진다.

사람을
돈으로
판단하지 말라

개방형으로 고교 동문회 밴드가 만들어지는데, 일 년도 안 돼서 이백 명이 모였다. 그렇게 해서 시골에 있는 작은 고교의 동문회가 결성됐다. S는 밴드 리더다. 리더로서 회원들이 밴드 활동을 열심히 하도록 독려한다. 어떤 밴드든 열심 당원은 10퍼센트 미만이고, 그 인원이 밴드의 힘이다.

어느 날, 혜성과 같이 등장한 후배 J는 S보다도 더 열심히 밴드에서 활동했다. J는 이렇게 해서 S뿐만 아니라 다른 모든 동문들에게 관심받았다.

J는 모임을 활성화해야 한다며 얼굴도 모르는 선후배에게 먼저 전화해 친한 척하면서, 동문회에 큰 관심을 표명했다. 그의 적극성으로 밴드에는 생기가 넘쳤고 회원도 증가했다. S는 그런 후배가 사

랑스러웠다. 밴드 만들고 일 년이 지나서 오프라인 모임을 가졌는데, 모인 수가 서른 명 이상이 됐으니 성공한 것이나 다름없다. 오프라인 모임에서도 J의 활약은 남달랐다.

◆

'돈'과 맺은
인간관계

◆

S는 인터넷 쇼핑몰을 운영한다. 한때는 재미를 보았으나 요즘은 워낙 경쟁이 심해 적자 볼 때도 많아, 그만둘 시기만 저울질하고 있었다. 그러던 어느 날, J에게 전화가 왔다.

"언니, 어떡해요. 남편 사업이 부도나서 내가 사채를 끌어다 썼어요. 계약서에 기일 내에 갚지 못하면 중국 가서 장기를 팔기로 했는데, 그날이 가까워 오고 있어요. 당장 천만 원만 있으면 아쉬운 대로 위기는 넘길 수 있는데, 그게 안 되네요. 한 석 달 동안 저와 연락이 안 되니 그렇게 알고 계세요."

J는 울고 있었다. S는 그 말이 사실인지 거짓인지 의심했으나, J의 울음을 사실로 믿기로 했다. 천만 원 때문에 장기가 날아갈 판이고 타협의 여지도 없다. 장기를 파느냐, 돈을 갚느냐 선택하는 일만 있을 뿐이다.

갑자기 동창회에 나타나 눈에 보이게 활약하는 사람을 조심해야 한다. 그들은 물건을 팔거나 돈을 빌려 달라고 할 게 상식이다.

그러나 동정심 많은 S는 그렇게 할 수 없었다. J가 낯선 사람들에게 끌려가 수술대에 오르는 일을 상상할 수 없었다. 당장 현금 일천만 원 마련도 쉽지 않았으나, 겨우 마련해 후배에게 주면서 부담을 가질까 봐 격려의 말도 보냈다.

"힘들 때가 있으면 좋을 때도 있겠지. 작은 사업을 하는 사람들은 늘 롤러코스터를 타지. 형편 되면 갚아."

그런 일이 있고부터 얼마 안 있어 J의 밴드 활동은 중단됐다. 힘들고 미안해서겠지, 했다. 오프라인 모임은 한두 번 나오다가 아예 발을 끊었다. 마음결이 고운 S는 불편해서 그러겠지, 했다. 세상에서 그 정도 이해심은 있어야 살기 좋은 세상을 만들어 나갈 수 있다고 낭만적으로 생각하고 있었다.

십 개월쯤 지난 후에 J가 불쑥 전화했다. 그리고 남편 일로 스트레스를 많이 받아서 갑상선 초기 암에 걸렸는데, 다음 달에 수술한다고 했다. 천만 원에 대해서는 일언반구도 없었다.

S는 J의 말에서 수술비 좀 보태 달라는 뻔뻔스러움을 느꼈다. 또는 나 힘들어서 이렇게 암에 걸렸으니 천만 원에 대한 말은 하지 마세요, 하는 은근한 압력으로도 들렸다. 사람이 말이라도 이렇게 해야 예의다.

"언니 미안해. 어떻게든 갚으려고 애썼는데 그게 생각처럼 잘 안되네요. 언니 볼 면목도 없고 해서 모임에도 못 나가고 있어. 조금만 더 기다려 줘."

그러면 S의 마음은 또 움직였을 거다.

정신 분석학자 멜러니 클라인은 타인에게서 필요한 것을 빼내어 빼낸 것과 관계를 맺으려는 것을 부분 대상관계라고 했다. J는 S의 부분인 돈과 관계를 맺은 것이다.

반면에 타인이 가지고 있는 것이 아니라 타인 자체와 관계 맺는 것을 전체 대상관계라고 했다. 인간관계는 후자가 돼야 의미 있는 관계가 되고, 그게 곧 그 사람의 인격이다. S는 J 자체와 관계를 맺은 것이다.

전화를 끊은 S는 아주 불쾌했다. '또 당했다'는 생각 때문은 아니다. 막판엔 당할 것까지 각오하고 한 일이니까. 아쉬운 사람들이 당장 불을 끄면 은혜를 내팽개치고 파렴치해지는 인간성에 회의를 느꼈다.

◆

"돈은 쓰기 위해
있는 것이다"

◆

S가 돈을 포기하고 양보한 원초적 사건은 따로 있었다. 그녀의 아버지는 서울 노른자위에 5층 건물을 남기고 세상을 떠났다. S는 오 남매의 늦둥이 막내였는데, 그때가 대학 2학년이었다. 장례식을 치르고 나자 삼촌 같은 오빠 두 명이 서류를 하나 가지고 와서 도장

을 찍으라고 했다. 유산 상속 포기 각서였다.

"너는 아직 어리니 네 앞으로 재산이 잡히면 힘든 일이 생겨. 네 앞은 오빠들이 알아서 봐줄 거야."

세상 물정 모르는 순진한 그녀는 오빠들의 말을 그대로 믿고 도장을 찍었다. S가 대학을 졸업하자마자 바로 결혼한 후에, 이 사실 때문에 부부 사이에 불화가 생겼다. 오빠들도 유산 분배 과정에서 문제가 생겨 몇 년을 남남처럼 살다가 겨우 화해했다.

돈이 쌓인 곳에는 인간의 욕망도 쌓인다. 일찍이 이 욕망에서 제외된 S가 체념하듯 내린 돈 철학은 이랬다.

"돈은 벌기 위해 있는 것이 아니라 쓰기 위해 있는 것이다. 수중에 들어온 돈은 최소한만 남겨 놓고는 쓰자."

이런 철학이 유산 상속 과정이 불평등한 데서 생겼더라도, 돈에 관한 이런 관점 덕에 그녀의 삶은 매우 가벼워졌다. S는 오빠들에게 이를 갈며 분노를 품는 대신에, 평생 붙들고 살아갈 돈 가치관을 정립했다. 그리고 오빠를 얻었다.

사는 게 힘들다. 그래서 원치 않게 타인을 돈 욕망의 수단으로 이용하는 사람도 있다. 그는 돈을 얻을지라도 사람을 잃는다. 돈으로 타인에게 베풀기를 즐기는 사람도 있다. 그는 사람을 얻을 것이다.

S와 후배 J, 시간이 지나면 각자 자리로 돌아갈 것이다. S는 섭섭한 감정을 극복한 내공으로 행복의 마중물을 한 바가지 더 얻고, 평화로운 밤을 보낼 것이다. J도 이런 기회로 자기를 성찰한다면, 끊어진 관계를 다시 붙일 수 있을 것이다.

그러나 그런 얄팍한 삶의 방식을 그대로 유지한다면, 뻔뻔함의 방어 기제 탓에 그녀는 세상과 담쌓게 될 것이다. 잠 못 이루는 고통스러운 밤을 보내게 될 것이다.

한 줄 돈 반성문

사람을 돈으로 보면 사람도 돈도 당신을 버릴 것이고, 돈으로 사람을 섬기면 사람도 돈도 당신을 섬길 것이다.

소유물에
역으로
소유되지 말라

⋮

C는 고등학교 교사인 아버지를 이상화했다. 그 결과 아버지처럼 고등학교 교사가 됐다. 아버지는 방학 때마다 C를 데리고 당일 아니면 일박 이일 정도로 짧지만 자주 국내 여행을 다녔다.

그때마다 C는 좁은 땅덩어리 대한민국이라지만 이렇게도 넓네, 하고 생각했다. 어린 시절부터 자연과 자주 접촉한 C는 친환경적으로 사고하게 됐는데, 그것은 무소유 그리고 자연과 어우러지는 삶이었다.

그런 이유에서 C는 다른 교사들이 기피하는 지방 근무를 자원하고, 집은 꼭 학교 근처에 얻어 걸어서 출퇴근했다. 성인병을 일으키는 원인 가운데 가장 첫 번째 원인, 자동차를 가급적 사용하지 않는다는 원칙이 그에게 중요했기 때문이다.

물론 이런 낡은 사고방식 때문에 가끔 아내와 말다툼하기도 한
다. 그러나 아내 역시 교사의 적은 봉급으로 생활하기에 익숙해진
만큼 그런대로 남편의 방식에도 익숙해졌다.

◆

욕심은 물질에 용도 이상을
구하는 데서 나온다

◆

이런 C가 운전해야만 하는 상황이 생겼다. 집에서 꽤 멀리 떨어
진 학교에 자원했는데, 아이들 교육 문제로 더는 이사할 수 없는 상
황이었다. C는 경비를 줄이려고 연비가 좋은 차를 우선으로 선택하
기로 했다.

모 자동차 대리점에 들어간 C는 판매 사원에게 물었다.

"어떤 차의 연비가 가장 좋은가요?"

"예, 연비하면 디젤이죠. ○○○ 디젤은 연비 진짜 좋습니다. 주
로 장거리 출퇴근하시는 분이 사용합니다."

주로 장거리 운전하는 분들이 사용한다, C는 더 이상 생각할 필
요가 없이 ○○○ 디젤이다, 싶었다.

그런데 판매 사원이 물었다.

"사장님이 타실 건가요?

"예."

"그러면 △△△는 타셔야죠."

그러면서 ○○○보다 더 큰 △△△ 승용차 견적을 내 주었다. 금액을 많이 지불해야 하는 데다, C에게는 군이 큰 차를 구입할 하등의 이유가 없었다. C가 망설이자 판매 사원은 특유의 노련미를 발동했다.

"한국 사람은 차를 얼굴로 알아요. 사장님쯤 되시면 최소 △△△는 타셔야죠."

C는 웃었다. 자기가 나를 어떻게 안다고. 그리고 더 이상 고려할 것도 없이 ○○○ 승용차로 매매 계약서를 썼다. 판매 사원은 △△△를 팔아야 더 많은 수당을 받기에 집요하게 권했다.

그에게 '승용차는 얼굴'이라는 말은 애당초 어울리지도 않는다. 그런데 집으로 돌아가는 버스 안에서 판매 사원의 말이 자꾸 떠올랐다.

'나중에 후회한다, 승용차가 얼굴이다, 정말 후회하면 어쩌지.'

다음 날 출근해서 학교 주차장을 유심히 살펴보니 다들 좋은 차를 몬다. 늘 돈 없다고 아쉬운 소리를 하는 동료도 승용차는 번지르르했다.

내 친구가 사는 서민 아파트 주차장에도 좋은 승용차들이 줄줄이 주차돼 있어 혼잣말했던 기억이 난다.

"집은 서민이어도 차는 서민이 아니구나."

C는 자동차 판매 사원의 말에 혹해 쓸데없는 생각에 빠진 거다. C는 물질 때문에 자신의 모습이 초라해질 때마다, 자신의 사상을

이렇게 견고히 한다.

"물질의 용도를 생각하라. 물질은 그 용도 이상도 이하도 아니다. 욕심은 물질이 가진 용도 이상을 구하는 데서 나온다."

승용차는 교통수단일 뿐이다. 교통수단에 자신의 얼굴을 투사하니 더 번지르르한 차를 구입하고 싶고, 유지하고 관리하는 데 많은 돈을 투자하는 거다.

삼 년에 한 번씩 승용차를 바꾼다는 사람도 있다. 삼 년에 한 번씩 얼굴을 성형하는 것과 같다. 어떤 물체든지 의미를 본래 용도를 넘는 그 이상으로 부여하면, 그 물체는 인간을 편하게 하는 도구가 아니라 보호하고 관리해야 하는 대상이 된다.

C는 중학교 때에 친구들과 함께 서울 모 지역을 걷다가 난생처음 대형 단독 주택을 보았다. 높은 담장, 북한산을 한 자락 떼어 놓은 것 같이 잘 조경된 정원, 이 큰 집에 사람이 살고 있을지 의문이 갈 정도로 고요했다.

갑자기 어느 집 주차장 문이 열리더니 날마다 문질러 주었을 검정색 대형 세단이 미끄러져 나왔다. 그 지역을 빠져나오면서 들었던 생각이다.

"저 집은 사람이 사는 곳이 아니라, 관리하는 곳이구나. 소유가 많으면 관리할 것도 많고, 관리할 것이 많아지면 인간은 그것들의 심부름꾼이 된다."

◆

인생의 로드맵은
돈이 아닌 곳에 있다

◆

무의식에 새겨진 신념은 삶을 결정짓는 로드맵이 된다. 이 로드맵에 인간의 자유 의지는 생각보다 영향을 많이 미치지 못한다. 인생 로드맵은 각자 상당 부분을 가지고 태어난다.

분석 심리학자 카를 융의 집단 무의식 이론에 의하면, 좋은 팔자와 나쁜 팔자는 세속 기준일 뿐 구분이 따로 없다고 볼 수 있다. 모든 팔자는 각자에 맞게 구성되고, 어떤 팔자든 영적 교훈을 얻어 자기Self의 길을 가면 좋은 팔자가 된다.

C가 무소유의 원칙을 신봉한 것은 아버지로부터 대를 잇는 가치관이다. 소유가 행복을 가져다준다고 믿는 사람은 돈 버는 일에 열정을 바칠 것이다. 결과는 본인이 책임진다. 그러나 C의 인생 로드맵은 돈이 아닌 곳에 있다.

자동차 판매 사원의 말에 잠시 빠진 C, 그는 자기를 되돌아보며 서서히 제정신으로 돌아오고 있었다. 제정신으로 돌아오면 복잡한 문제는 다시 단순해진다.

"자동차는 교통수단일 뿐이다."

이 말을 되뇌면서 이상하게 마음이 편안해졌다. 무거운 짐을 하나 내려놓은 기분이다. 인생 문제가 또 하나 풀린 것이다.

한 줄 돈 반성문

소유가 많으면 관리할 것도 많아 주인이 도리어 심부름꾼이 된다.

돈이 중요한 것들을
집어삼키도록
놔두지 말라

M은 눈을 감았다. 한 삼 분쯤 지나서 눈을 뜨고 말했다.

"그래도 그때는 돈은 없어도 행복했어요. 부부간에 기본적인 신뢰는 있었으니까요. 그렇다고 지금의 돈을 포기하고 싶지는 않아요. 분명한 것은 그때는 돈 걱정 하나뿐이었는데, 지금은 걱정거리가 더 많아졌다는 거예요."

불과 삼 년 전만 해도 M의 가족은 경기도의 한 작은 도시에서 살았다. 남편은 IT업에 종사했는데, 그 분야에서 대박을 꿈꾸는 사람이었다.

"이번 프로젝트만 터지면…."

이 말을 많이 했는데, 들을 때마다 그러려니 했다.

인생에서 대박의 꿈은 아주 가끔 이루어진다. M의 남편은 프로젝트 하나를 성공했고, 그 덕으로 영화에서나 일어날 돈방석에 앉게 됐다. 삼 년이 지나자 그 방석은 황금 방석으로 변했다.

이게 꿈인가 생시인가 싶을 정도로 잘 벌었다. 몇 년 만에 상위 한 자리 숫자의 부자 대열에 끼게 되었다. 강남의 60평대 아파트를 얻어, 호화스럽게 꾸몄다. 고가 외제 승용차도 두 대 샀다.

◆

돈 중독은
관계를 파괴한다

◆

벼락부자가 되면 낮에는 새가, 밤에는 쥐들이 그 소식을 방방곡곡에 전한다. 양가에서 손을 내미는 사람들이 서서히 나타나기 시작했다. M은 불자의 자비를 실천하는 마음으로 남편과 합의해 가급적 도움을 주었다.

"돈은 베풀어야 한다. 그래야 결국은 선으로 되돌아온다."

양가 모두 가난했으니 한동안은 이렇게 자비를 실천해야 하는 것도 당연했다. 그렇게 벼락부자 행사를 서서히 마치고, 낯선 벼락부자의 삶에 익숙해져 갈 무렵에 문제가 터졌다.

"남자는 여윳돈만 생기면 딴짓한다."

아버지와 불화가 있을 때마다 어머니가 중얼거리던 말씀이 이루어졌다. 돈 많은 남자의 의지는 제 의지가 아닌 돈 의지다. 성공한 남편이 함께 어울리는 사람들은 그렇게 생각하는 부류다.

술에 취해 돌아온 남편의 흰색 와이셔츠에 립스틱이 묻어 있었지만, 남편은 그것을 아무렇지도 않게 생각했다. 전에는 있을 수도 없는 일이 성공한 남편에게는 사업의 일부처럼 됐다. M은 돈의 혜택을 마음껏 누리고 있으니, 별것 아니라고 변명하는 남편에게 더 이상 바가지를 긁을 수는 없었다.

남편이 사업상의 이유로 지방 및 해외 출장 가는 일도 잦아졌다. 이유를 자꾸 따져 물으면 부부간에 불화만 생긴다. 믿을 수 없는 꼬리들이 종종 발견돼 M은 분노했다.

따져 물어야 남편의 논리를 이길 수는 없다. 사업상이니까. 그리고 M은 돈으로 보상을 충분히 받고 있으니까.

M은 남편을 옆에 붙들어 놓고 싶은 생각은 없었다. 당신 좋은 대로 살아라, 나는 나 좋은 대로 살 거다, 하는 마음이 생겼다.

예전에 고지식하던 M으로서는 상상도 할 수 없는 일이었다. 그러나 지금은 돈으로 주고받는 보상이라면 세상에 못할 것도 없겠다는 생각까지 들었다. 그즈음에 M이 한 말을 기억한다. 그 말은 진심이었다.

"남편이 죽었으면 좋겠어요."

남편이 죽으면 아내는 재산을 상속받을 서열 1순위다. 한 번 떨어진 정을 다시 붙이기에는, 부부는 돈맛을 너무 깊이 봤다.

애착 이론가 존 볼비에 의하면, 인간은 태어날 때부터 친밀한 인간관계를 추구하는 존재이나 그런 관계가 상실될 때에 중독에 취약해진다고 했다.

　돈 중독은 인간관계를 파괴하며 돈의 효능에 깊게 빠진 상태를 말한다. 돈이 주는 혜택에 중독된 사람의 마음을 되돌리는 일은 알코올 중독자가 완치되는 것만큼 어렵다.

◆

돈벼락은
행복의 조건을 망가뜨린다

◆

　인생길 도처에는 우리의 냉정한 판단을 기다리는 도깨비들이 있다. 도깨비는 잘 길들이면 우군이 되고 잘못 길들이면 적군이 된다. 만일 M이 그런 남편이 예전처럼 되돌아오기를 막연히 기다린다면, 불행해지는 것은 M뿐이다.

　M은 남편에게 기대하는 일을 포기하고 담담히 자기 인생길을 가기로 채비를 차렸다. 이상하게 마음이 편했다. 해방된 기분이다.

　이혼은 하지 않았지만, 사실상 이혼이나 다름없다. 이것을 결혼을 졸업했다는 뜻으로 '졸혼'이라 한다.

　정서적 연결 고리는 없고, 부부의 형식만 남아 있는 한 지붕 두 사람은 외롭다. 다른 남자를 만나고 싶은 생각이 들 때도 많다. 그러나 그 생각은 아이들이 다 큰 뒤로 미루기로 했다.

　M은 갑자기 부자가 되면서 자신이 원한 최선이 아닌 차선의 삶

을 살고 있다. 갑자기 생긴 많은 돈은 행복의 조건을 빨아먹는 흡혈 귀가 되기도 한다.

그래서 비록 늦었지만 M은 공부에 열중한다. 석사를 마치면 박사는 아이들 데리고 외국으로 가서 할 거다. 요즘 '나무 심고 대학 교수로 들어가는 방법'이 뒷거래로 이루어진다. 기부금을 내고 전임 교수 자리를 꿰차는 거다.

도덕적으로 옳은 방법은 아니지만, M은 그렇게 해서라도 자기 삶을 만들어 가는 것을 옳다고 생각한다.

최선의 삶은 정해진 공식이 아니다. 주어진 환경에서 최선을 다해 사는 것을 말한다. M은 언젠가는 그 결실을 볼 것이다.

그럼 M의 남편은? 그도 나름대로 자기에게 가능한 삶을 살고 있을지 모른다. 그에게 최선의 삶은 언젠가는 오게 마련인 낭패감을 반면교사로 삼아 남은 인생을 의미 있게 보내는 일이다.

그러나 그런 반성이 언제쯤일까. 그리고 가능할까?

한 줄 돈 반성문

갑자기 많은 돈이 생기면, 그 밖의 다른 것은 잃을 수도 있다는 점을 명심하라.

돈은
서로 주고받는
선물이다

：

H는 한때 잘나가는 희곡 작가에 방송인이었다. 그러던 중에 암을 진단받았는데, 그것은 그녀의 삶을 크게 바꾸었다. 대중 스타에서 홀로된 노인이나 결손 가정 아이들을 돌보는 시설을 세워 섬기는 사람이 된 것이다.

H가 그런 일에 뛰어든 것은 암에서 치유돼 덤으로 사는 인생이니, 남은 인생은 남을 도우며 사는 것이 보람 있는 삶이라고 판단했기 때문이다. 화려한 삶을 정리하고, 가진 재산으로 도시 외곽에 예쁜 보호 시설을 건축했다.

그녀를 아는 사람들은 의문을 가졌을 거다. 인기 스타로서 영광을 누려온 그 사람이 도대체 그 일을 얼마나 할 수 있을까?

그런 의지를 가진 사람들 중에는 나중에 변심해 후원금만 챙기는 욕심쟁이 시설주가 되는 경우도 많다. 선한 마음으로 시작했으나, 후원금이 많이 생기다 보니 후원금에 눈독이 더 가서 사유 재산으로 교묘하게 빼돌리는 거다.

◆

돈이 풍년이면
흘려 보내야 한다

◆

6·25 전쟁 이후 고아원이 급증한 이유는 전쟁고아가 증가해 고아원이 많이 필요도 했거니와 정부 및 미국에서 받아내는 후원 때문이기도 했다. 사람들은 H가 그 일로 사업하는 줄 생각했을 거다.

"손에 물 한번 안 묻혀 본 사람이 밥하고 빨래하고 청소하며 내 핏줄도 아닌 어르신이나 아이들을 제대로 섬기겠어?"

그러나 다 기우였다.

"저 사람이 인기 라디오 방송 프로그램 진행자였던 게 맞아?"

H가 손가락 통풍 관절염에 걸릴 정도로 손수 일하며 시설을 운영하는 것을 보고 방문객들은 놀랐다. H는 마치 그 일이 천직인 것처럼 기쁨과 감사로 해내고 있었다.

하버드 대학교의 긍정 심리학자 탈 벤 샤하르는 저서《행복을 미루지 마라》에서 다음과 같이 말한다.

"소크라테스의 말처럼 반성이 없는 삶은 무가치하지만 지나치게 자기 반성하는 삶은 정신 건강에 해롭다. 행복을 위해서 자신의 문제에 초점을 맞추기보다는 밖으로 나가 누군가를 기쁘게 만들어야 할 때가 있다."

H가 그런 일을 헌신적으로 할 수 있었던 가장 큰 이유는 신앙이다. 신앙도 돈하고 결합하면 '돈 신앙'이 되는 것을 많이 봤다. 하나님이 주신 돈을 어떻게 신앙의 양심으로 쓸까, 하는 관심보다는 어떻게 하면 하나님으로부터 더 많은 돈을 뜯어낼지에 사람들은 관심이 많다. H의 신앙은 마치 오늘 하루만 있는 것처럼 오늘 하루에 충만한 삶을 사는 거다.

사람들이 하는 돈 걱정은 대부분 내일에 관한 것이다. 예수는 일용할 양식에 감사하라며 내일 걱정은 내일에게 맡기라 했다.

한 후원자가 H의 너무 낭만적인 돈 관념을 보고 돈을 대하는 당신의 입장을 물었을 때에, 그녀는 이렇게 대답했다.

"돈요. 지금까지 시설을 운영하면서 한 번도 여유 있어 본 적이 없어요. 저도 할 수 있는 한 모금했지만, 그 일이 시설에 계신 분들을 돌보는 일보다 앞서지는 않았습니다. 제가 하고 있는 의미 있는 일에 열중하면 필요한 돈은 따라온다고 막연하게 믿고 있습니다."

돈을 대하는 H의 믿음은 돈을 대하는 태도에서 나왔다. 그 사람에게 돈이란 높은 곳에서 낮은 곳으로 흐르는 물과 같은 것이다. 돈이 남는 사람은 그 돈을 아래로 흘려 보낼 책임이 있고, 돈이 필요한 사람은 흐르는 돈을 사용할 권리가 있다.

H가 사재를 털어 필요한 사람에게 흐르게 한 것은 선행이 아니

라 마땅히 책임을 이행하는 것에 불과했다.

돈의 세계에도 가뭄이 있고 풍년이 있다. 돈이 풍년인 이유는 아래로 흘려 보내라는 건데, 쌓아 두면 반드시 도둑이 가져가거나 곰팡이가 나기 때문이다. 돈이 가뭄일 때는 흘러들어 온 것을 쓰며 겸손과 세상의 이치를 배우라는 거다.

◆

돈도 선물처럼
주고받는 것이다

◆

돈은 내가 받은 선물이고, 다시 누군가에게 보내야 할 선물이다. 선물은 주고받는 것인데, 선물을 독점하려는 욕망이야말로 인류의 가장 큰 불행이다.

가난한 사람에게는 생색이나 내면서, 인류의 영적 구원을 위해서 기도한다는 종교 집단이나 자칭 신앙심이 깊은 사람들을 만나면 역겹다. 그 집단과 그들의 돈은 흐르지 못해 썩어 악취도 나고 있다. 그런데 거기다 코를 대고 자기들이 죽어 가고 있는 줄도 모른다.

2012년 대통령 선거 때에 기독교 장로가 대통령이 되면 그 사람은 하나님을 두려워해 돈 욕심 없이 국민을 위해서 일할 거라고 믿는 순진한 사람들이 많았다.

그때 내가 한 말이다.

"그 사람이 이전에 어떻게 살아왔는가를 보세요. 그 경험의 조각들이 모여 돈 인격을 만듭니다. 저는 그 사람이 자기 영광을 하나님의 영광으로 믿어 많은 돈을 챙길 것 같은 불길한 예감이 듭니다."

인류 공동체라는 관점에서 돈을 대하는 가장 추악한 태도는 바로 독점욕을 내보이는 자세다.

H에게 돈은 선물이다. H는 당신의 관계 안에 들어온 사람들의 생일, 경조사, 명절 등에 작은 선물이라도 하는 것을 기뻐한다. 그 사람의 선물은 비싸지는 않아도 받는 사람의 필요를 고려해 신중히 고른 것들이다.

수첩에는 챙겨야 할 지인들의 기념일들이 빽빽이 기록돼 있다. 모두 H가 기뻐서 하는 일이다.

H는 한때에 지독한 외롭고 불안한 시간을 보냈다. 그 터널에서 나올 즈음에, 그녀는 가진 돈으로 어떻게 하면 타인을 행복하게 해 줄 수 있는지를 생각하고, 분명한 목표를 설정했다.

선한 목표를 향해서 한 걸음씩 나아갈 때에 자기 연민은 자기 긍정으로 바뀌었다. 게다가 돈만 들어가는 일을 돈 걱정 없이도 해낼 수 있었다.

인생의 기쁨은 각자의 것을 흐르게 하는 평범한 행위에서 얻는다. 우리는 남들이 흘린 돈을 받았으니 다시 돈이 흐르도록 하는 게 너무 당연하다.

한 줄 돈 반성문

돈은 높은 곳에서 낮은 곳으로 흐르는 물과 같아야 하며, 우리는 돈을
흘려 보낼 책임과 흘러온 돈을 받아들일 권리를 모두 가지고 있다.

돈으로 맺는
부부 관계,
돈으로 남남이 된다

돈주머니를 따로 차는 맞벌이 부부가 적지 않다. 부부는 상대가 얼마를 버는지, 어떻게 쓰는지, 얼마를 저축하는지 까막눈이다.

"이렇게 해서 우리는 한 집안에 두 경제를 가지게 됐습니다."

그때부터 부부 사이에 거리감도 생긴다.

D는 부동산 임대사업자와 결혼했는데 할 일은 별로 없고 시간은 많았다. 결혼 초에는 이 돈으로 많이 즐겼다. 그러나 할 일이 별로 없어 즐거움은 오래가지 않는다.

지루해진 D는 공부를 시작했다. 남편의 든든한 지원을 받아 가며 전공 분야 박사 학위를 받았다. 해외 연수도 여러 번 갔다 오며 그 분야 경력도 쌓았다. 남편 돈으로 지방 대학에 나무 심고 전임 교수 자리를 얻었다. 이 돈이 부부 관계를 파괴하는 씨앗이 될 줄은 이때까지만 해도 몰랐다.

◆

부부가 행복하려면
공유하는 영역이 필요하다

◆

아내가 바빠지자 부부가 함께 있는 시간이 줄어들었다. 아내는 소위 학구적인 분위기를 풍기는 사람들을 다양하게 만났고, 본의 아니게 이들과 남편을 비교했다. 아버지 잘 만나 많은 재산 물려받아, 놀고먹는 남편의 수준이 형편없어 보였다.

남편이 하는 일은 골프, 캠핑, 여행, 각종 모임에 기부금 좀 내고 폼 잡는 일이 거반이다. 건물 관리를 위해 투자하는 시간은 하루에 몇 시간도 안 된다. 사람은 노는 물에 따라 언어와 격식도 달라진다고 했던가. 이제는 남편과 대화가 통하지 않는다.

부부 심리학자 가트만은 부부가 행복하려면 하나로 함께 공유하는 영역이 있어야 한다고 했다. 아내의 봉급이 남편의 벌이에 비하면 턱없이 적지만, 자급자족은 하니 손 벌릴 일도 없다. 부부는 이렇게 한 지붕에 살면서 남남처럼 돼갔다.

돈 많은 남자는 손짓 받는 곳이 많다. 먹물 냄새 나는 아내에게 맞춰 사느니 내 인생을 즐기겠다며 만난 사람은 그의 부를 사랑한 여자였다. 그녀는 아내처럼 짜증나는 관계와는 달랐고, 영화 속에

나 있을 사랑의 환상을 한 번쯤은 구현해 보고 싶을 정도로 매력이 넘쳤다. 적어도 D에게는 그렇게 보였다.

돈 많고 시간도 많은 남성들 주변에는 곱게 물든 꽃뱀들이 어슬 렁거린다는데, 남성은 꽃뱀에 홀리면 알아도 속는다.

상대방은 정교한 수법을 사사받은 소위 꽃뱀이었다. 눈치채고 빠져나올 수 있는 기회도 여러 번 있었는데, 그럴 때마다 구애 작업에 걸렸다.

D의 남편은 꽃뱀과 함께 강원도 정선의 카지노를 들락날락거리 다가 몇 년 만에 건물 일부를 날리고 말았다. 운명 같았다. 운명은 약해진 의지의 틈을 벌리고 들어와 그를 더 흔들어 댔다.

부부 관계에서 신뢰가 깨졌다. 마지막 보루로 둘을 지켜 준 돈도 절반 이상이 날아갔으니 결혼 생활을 유지해야 할 이유도 절반 이상은 날아간 것이나 마찬가지다. 단지 사회적 시선에서 모면하고, 아이들이 받을 상처를 생각해서, 부부로서 명맥만 유지하기로 합의했다.

D의 남편은 사기꾼들에 대한 분노로 화병에 걸렸다. 돈은 병을 치료하기도 하고 병들게도 한다. 부부의 결속력을 강화시켜 주는가 하면, 부부 사이를 아예 갈라놓기도 한다. 돈의 힘은 세다. 돈은 긍정적으로 선물을 제공할 때조차도 경계를 늦추면 안 된다.

갈라진 부부가 다시 화합하기 위해서는 물리적 결속부터 해야 한다. 돈을 합하면 투명해지니 마음도 합해진다. 침대를 각각 쓰더라도 합방하라. 한방에 있어 싸우는 것이 각방에 있어 무관심한 것보다 낫다. 돈을 과다하게 지출하면 관계의 본질을 회피하게 만든다. 돈 사용을 대폭 줄여라. 그 결핍은 부부가 함께하는 다른 것으로 채우라. 그러면 부부 간의 대화가 재개된다.

◆

돈은 하룻밤 묵는
숙소일 뿐이다

◆

인생에서는 돈 때문인 문제가 너무 많다. 돈에는 환상이 따라붙기 마련인데, 꺼지지 않는 환상은 그 자체가 목적이 돼 반드시 문제를 드러낸다. 돈 환상에 구멍을 내라. 돈이 아니라 다른 방법으로 문제를 해결해 보는 거다. 돈 사용을 줄이면 삶은 점점 단순해진다. 삶이 단순해지면 관계는 더욱 돈독해진다.

문명은 개인주의를 만든다. 심지어 4D의 영상과 감각으로 실제를 그대로 재현한 섹스 대상도 돈으로 구입할 수 있다고 한다. 농경 사회에서 산업 사회로 이동하면서 이혼율이 급속히 증가하는 이유는 편익이 관계를 좀먹고 들어가기 때문이다. 돈은 사용하기에 따라서 인격을 세우기도 하고 파괴하기도 한다.

사후 세계에는 파동이 비슷한 사람들끼리 모인다는 말이 있다. 자신의 권력을 사용해 돈을 싹쓸이한 사람, 재산이 탐나 일당과 짜고 배우자를 숨지게 한 살인자, 남의 돈을 교묘히 빼내 그를 망하게 하고 부자가 된 사람, 입으로는 진리를 말하고 뒤돌아 서서는 돈을 탐하는 성직자, 돈을 하나님으로 섬긴 사람들, 이들은 모두 비슷한 파동을 가지고 있어서 사후 세계에서도 함께 모일 것이다.

그들은 거기서도 쌓아 놓은 돈이 도둑맞을까봐 제자리를 떠나지 못하고 똥오줌을 싸서 뭉개며 그들만의 지옥을 만들어 갈 것이다. 돈은 지옥에서도 관계를 파괴시킨다.

돈에 대한 기대는 효소를 사용해 부풀려진 밀가루 반죽과 같다. 불어만 났지 영양가와 칼로리는 똑같다. 실내 인테리어를 환상적으로 해 놓은 고급 호텔도 눈 감고 하룻밤 묵는 일은 한여름에 땀 냄새나고 구질구질한 대피소에서 자는 일과 다를 바 없다. 돈은 이 세상에서 하룻밤 자고 마는 숙소다. 그런 돈으로 소중한 관계를 파괴하지 말라.

한 줄 돈 반성문

돈 많은 부부는 각자의 욕망에 충실해 관계가 깨질 수 있다. 관계 재개를 위해서는 돈을 사용하지 않거나 최소한만 사용하면서 함께할 수 있는 놀이를 찾으라.

돈으로 얻은 영광은
돈과 함께
사라진다

:

서울에서 살던 대학생 U는 아버지의 사업이 부도나 경기도로 이사했다. 돈 아까운지 모르고 필요한 것은 꼭 부모에게 보채 뜯어내고야마는 U는 조만간 사업이 부도날지 모르니 너희들이 원하지 않는 동네, 원하지 않는 집으로 이사 갈 수 있다고 미리 예고한 부모 말씀을 믿지 않았다. 아버지의 사업은 그동안 위기가 여러 번 있었으나, 그때마다 오뚝이처럼 벌떡 일어났기 때문이다. U에게 부모란 돈 벌어다 주는 사람이었다.

예고가 현실이 돼 버리자 이후 펼쳐지는 상황은 그녀가 상상한 이상이었다. 우선 서울에서 산다는 그녀의 프리미엄이 사라졌다. 넓은 집에서 좁은 집으로 옮기니 거실, 방, 주방, 화장실, 베란다 등 모든 것이 다 좁아졌다. U의 자존감도 함께 줄어들었다.

짐은 버릴 것 다 버리고 최소한 작게 꾸려 가지고 왔으나, 그래도 정리가 안 돼 베란다에 쌓아 놓았다. 이사 간 집 앞에는 마을버스만 다니고 광역 버스라도 타려면 10분 이상을 걸어야 한다. 거리도 예전 지역처럼 활기가 넘치지 않아, U의 표현을 빌리면 '암울한 거리'다. 암울한 거리를 밝게 하려면 그녀의 마음을 밝게 해야 한다.

◆

돈 문제,
시간이 해결해 준다

◆

이사하던 날, U는 이삿짐센터에서 짐을 옮기는 모습을 절망적으로 바라봤다. 그리고 자기와 똑같은 경험을 먼저 해, 지금은 그런대로 잘 적응해 살고 있는 친구에게 메시지를 보냈다.

"아, 짜증 나. 나 여기서 어떻게 살라고 ㅜㅜㅜ"

잠시 후 답장이 왔다.

"나 역시 몇 주를 우울해했어. 그러다가 불현듯 드는 생각이 있었어. 도대체 내가 하루 중 집에 있는 시간이 몇 시간이나 될까? 집은 거주가 목적이다. 집에서 그 이상의 의미를 찾지 마. 나의 처방일 뿐이야."

U는 친구의 말에 반대 의견을 제시했으나, 친구는 그녀의 자존심을 건드리고 싶지 않아서 답을 보내지 않았다. 그리고 마지막으

로 한마디만 남겼다.

"시간이 해결해 줘. 나도 그랬어."

자기 연민에 빠진 U는 친구의 말이 귀에 들어오지 않았다. 새로운 상황에 적응하기 위해서는 이전의 것을 버리고 새로운 것에 자기를 맞춰 나가야야 한다. 새로운 곳에 안착하기 위해 한동안 슬프겠지만, 슬퍼해야 과거를 잊고 새로운 곳에 적응한다. U는 친구의 마지막 메시지에 희망을 가졌다.

"시간이 해결해 줘. 나도 그랬어."

돈에 과잉 가치를 둔 U는 냉혹한 현실을 맞이했다. 기존 가치들이 무너지고 그 위에 새로운 가치관이 올라가려면 우울해야 한다. 우울은 정신 에너지를 외부가 아니라 내부로 돌리라는 무의식의 신호다.

U의 우울은 돈에 과잉으로 집착하지 말고 벗어나 그 밖의 다른 것의 소중함을 찾으라는 자기의 신호다. 자기는 한 사람의 삶을 전체적으로 인도하고 생의 전환점마다 시련을 통해 깨달음을 준다.

카를 융의 제자 폰 프란츠는 이렇게 말했다.

"자기와의 의식적인 대화는 인격이 상처를 입고 고통스러워하는 데서 시작된다. 이 최초의 충격은 일종의 '계시'라 할 수 있다."

죽음과 임종 의학자로 널리 알려진 퀴블러 로스는 그의 자서전 《생의 수레바퀴》에서 아무리 고통스러운 시간이라도, 시간 속에 오래 있어 배울 것을 배우는 것은 매우 유익하다고 했다.

U는 만능인 돈의 기능을 포기하고 더 넓은 세상으로 나가 타인

들과 관계를 맺어야 한다.

시련에 빠진 사람들이 지켜야 할 금기가 두 가지 있다.

하나는 '지금의 현실을 지나치게 확대해서 그것이 마치 자기 인생의 전부인 것처럼 단정하지 말라'는 것이고 다른 하나는 '객관적 상황이 현저히 나빠졌는데도 당장의 우울한 감정을 피하기 위해 모든 것은 좋고 앞으로 더 좋아질 것이라고 과대 자기에 빠지지 말라'는 것이다. 전자는 더 우울증에 걸리고, 후자는 내면의 소리를 듣지 못한다.

◆

돈은 사라져도
돈을 대하는 태도는 사라지지 않는다

◆

한 사십 일이 지났을까. U는 평소처럼 아무 말 없이 내가 말하기만을 기다리며 앉아 있었다. U의 표정을 보니 전과는 사뭇 다르게 간헐적인 생기도 보였다. 전에는 절망에 빠진 우울이라면, 지금은 낯선 상황에 발을 내릴까 말까 하는 갈등에서 나온 우울로 보였다. 그녀는 말했다.

"저도 이렇게 힘든데, 부모님은 얼마나 더 힘들겠어요. 저는 힘들기만 하면 되는데, 부모님은 대책을 세워야 하잖아요."

U는 서서히 자기 감정에서 나오고 있었다. 타인을 이해하기 시

작하는 것은 자기 감정에서 벗어나고 있다는 확실한 증거다. 심리 에너지가 거의 안으로 퇴행해 타인의 고통을 못 보는 게 우울증이 기 때문이다.

"저 사람은 행복한데, 나만 불행하다."

심리 에너지가 자기로부터 나와 타인으로 향하면서, 타인의 고통 이 보인다. 돈에 환상을 과잉으로 가졌던 U는 돈을 내면화해 자기 와 동일시하며 살아왔다. 그 환상에서 나오면서 돈을 벌기 위해 힘 들었을 부모의 고통이 눈에 들어오기 시작했다.

마지막 상담 회기에 나는 U에게 말했다.

"돈으로 누린 영광은 돈과 함께 사라지게 마련이죠. 사라지지 않 는 것은 돈을 대하는 당신의 태도예요."

한 줄 돈 반성문

돈에 과잉 가치를 두고 살아왔다면 반드시 다른 인생의 문제가 찾아오게 마련이니, 그때는 돈 반대편에 있는 가슴의 소리에 귀를 기울이라.

돈을 대하는 태도가
인생을
결정한다

H가 중소도시 변두리로 이사하려는 이유는 두 가지다. 첫째는 가진 돈에 맞추기 위해서다. 둘째는 주변에 산책이라도 할 야산이 있어야 하기 때문이다. 프리랜서로 살아온 H, 서울에 아파트 하나를 가지고 있었으나 자녀 둘을 교육시키다 보니 버는 돈보다 쓰는 돈이 많았다.

H는 자유는 있으나 안정은 없는 직업 프리랜서로 열심히 살았지만 돈은 들어오지 않았다. 가진 재능으로 돈을 벌어 보겠다고 일을 벌려 봤지만, 사업가 마인드가 부족한 그는 적자만 봤다. 돈 부족은 매우 현실적이다. 마음의 위기야 마인드 컨트롤로 조절할 수 있지만, 돈의 위기에는 돈이 있어야 한다.

사람에게 집은
주거 공간일 뿐이다

그는 서울에서 밀려 지방의 작은 도시로 전셋집을 찾아다니면서 전에 없던 비애와 절망을 느꼈다. 나이 쉰을 넘긴 그는 흰머리가 많아 환갑이 다 된 사람처럼 보였다. 부동산 중개사가 그 나이에 집한 칸 장만 못했냐고 비아냥거리는 것 같았다. 그러면 스스로를 위로한다.

"이 사람아, 나는 열심히 살아왔어. 돈만 없을 뿐이야."

어느 날, 한 부동산 중개사는 H를 보자마자 고급 전원주택을 찾느냐고 환한 미소를 지으며 물었다. H는 그렇게 보이냐고 대꾸하고 웃었지만, 그 말이 하루 종일 그를 괴롭혔다. 지금까지 돈만 없을 뿐이지 열심히 살아왔다고 자부했는데, 집 보러 다니면서 자괴감을 느꼈다.

도대체 집이란 무엇인가? 한국 사람은 복권이 당첨되면 제일 먼저 집을 사거나, 더 큰 집으로 이사하는 게 꿈이라고 한다.

공간 심리학자인 바버라 페어팔은 저서 《공간의 심리학》에서 집에 대한 기대와 요구가 주거 만족도에 큰 영향을 주고, 집은 곧 그사람의 인격이며 심리라고 했다. 그리고 주거 만족도에 객관적 기준은 없다고 했다. 집에 대한 내 기대와 요구를 바꾸면 깊은 산골

오두막이라도 얼마든지 만족할 수 있다.

다음 날 아침, 해 뜨기도 전에 H는 뒷산에 올랐다. 정상에 오른 시간에 맞추어 해가 밝게 떠오르고 있었다. 그날은 모처럼 미세 먼지도 없는 화창한 날이었다. 저 멀리 숲을 이루고 있는 아파트 단지들이 더 크게 H의 시야에 들어왔다.

이 나이에 부끄러웠다. 돈 버는 재주만 없을 뿐이지 열심히 살아왔는데, 오늘도 전셋집을 알아보러 작은 도시 변두리를 기웃거려야 한다니 부끄러웠다.

"집은 단순히 주거 공간이 아니다. 한 사람의 사회적 신분이며 자존감이다."

전에도 이런 생각이 들었던 적은 있지만 그때는 자신감으로 그 생각을 억압했다. 지금은 그 감정을 그대로 느껴 보았다. 내면에서 일어나는 감정의 물꼬를 막지 않고 그대로 흘려보냈더니, 어느덧 깨달음의 강가에 이르렀다.

마음을 치유하는 일은 피하고 억압하고 분열시켜 버린 감정을 좀 더 중립적인 자세에서 들여다보면서 시작된다. 환영할 준비만 돼 있으면, 살면서 경험하는 모든 감정은 다 내게 유익하다.

산 바위에 걸터앉아 한동안 감정풀이한 H는 마음이 한결 가벼워졌다. 그리고 강하게 들려오는 내면의 소리를 들었다.

"집뿐만이 아니라 우주도 너의 주거 공간이다. 사람 사는 집이 아무리 좋기로서니 우주만 하겠느냐?"

우주라는 광활한 집은 그것의 의미를 깨달은 사람 모두의 집이다. 그에게 건축물로서 집의 의미는 미미하다. H는 집 보러 다니면서 가졌던 열등감이 싹 사라지는 기분이었다. 돈보다 더 귀한 것을 깨달으면 '돈으로부터의 자유'를 선물로 얻는다.

◆

돈은
최소한이면 충분하다

◆

하산 중에, 오랫동안 함께해 온 한 친구를 생각했다. 그는 우리나라 최고의 대학을 나왔고, 외국에서 석사까지 마쳤다. 열심히 살았으나, 행운이 따르지 않았다.

친구는 서울에서 서울 근교 도시로, 그리고 마침내는 교통이 매우 불편한 지방의 작은 도시로 이사했다. 동창 모임에서는 자기 형편을 자연스럽게 이야기했다. 자기 자신과 자신의 경제 형편은 아무런 상관도 없다는 듯이 말이다. 그러기 위해서 그 친구가 얼마나 많이 내면 수련의 과정을 거쳤는지 알 수 있을 것 같았다. 그 친구에게야말로 집은 잠시 사는 주거 공간일 뿐이다.

오랜만에 만나는 동창 중에는 어느 시에 사느냐, 어느 동에 사느냐 집요하게 물어 오는 녀석도 있다. 심지어 어떤 녀석은 집 주소를 보내라, 내가 너에게 뭘 좀 보내려 한다며 독촉한다. 상대방의 경제 형편을 파악해 돈으로 사람을 평가하려는 저급한 가치관을 가졌거나, 다른 꼼수가 있는 거다.

절대 변하지 않는 원칙 하나.

"삶의 목적을 눈에 보이는 것에 두는 사람은 그것 수준까지 이르고, 눈에 보이지 않은 것에 두는 사람은 그것 수준까지 이른다."

만일 당신이 눈에 보이는 건축물로서의 집에만 만족한다면, 광활한 우주의 관점에서 인생과 세상을 보는 넓은 경지에는 이르지 못할 것이다.

눈에 보이는 것에 기대하고 요구하면 결국 모두 돈으로 귀결된다. 눈에 보이지 않는 것에 기대하고 요구하면 최소한의 돈이면 충분하다. 오히려 돈이 많으면 방해된다.

돈을 대하는 태도가 한 인생의 운명과 소명을 결정한다.

한 줄 돈 반성문

만일 눈에 보이는 건축물로서의 집에만 만족한다면, 광활한 우주의 관점에서 인생과 세상을 보는 넓은 경지에는 이르지 못할 것이다.

1 마흔의 '돈'은 '돈'만이 아니다 _마흔의 돈 생각

2

돈 아래 있는 사람,
돈 위에 있는 사람
_마흔의 돈 습관

돈을 다스릴 것인가,
돈에 다스려질 것인가

십 년째 사업이 안 돼 허덕이는 B는 정장만큼은 백만 원 단위의 고급을 입는다.

"어쩔 수 없어. 사업하는 사람은 그래야 해."

그는 사업상 다양한 사람을 만나기에, 옷에 품격을 건다. 그래야 계약도 잘 체결된다고 한다. 그러나 다른 사적 모임에서는 사업용 옷을 입지 않는다. 부자도 아닌 사람이 부자처럼 비치는 모습이 싫기 때문이다. 그는 사회적 위치에 맞춰 입어야 할 옷과 자신의 품격을 동일시하지 않는다.

"내가 큰 기업을 소유한 사람이라면, 그리고 내가 사업상 만나는 사람들이 내 신용을 다 알고 있다면, 그래서 사업을 체결할 때 불이익을 받지 않는다면, 나는 운동복을 입고 다닐 것이다."

이 말은 그의 진심이다. 그는 옷에 기능 외 뜻은 두지 않는다. 생각이 옷을 다스리는 영성을 가지고 있다.

"나는 옷을 고를 때도 브랜드나 가격을 중요시하지 않는다. 입어서 잘 맞고 편안하면 그것으로 만족한다."

빌 게이츠가 한 말이다. 이 정도면 무소유를 표방하는 자연으로 정신의 축을 이동시킨 것이다. 자연으로 회귀한다는 것이 아담과 이브처럼 되자는 말은 아니다. 물론 그렇게 할 수 있다면 당신은 백 년에 한 번 날 만한 현인이다.

◆

돈은 단점을 가리는
도구일 뿐이다

◆

나는 자기 치장에 과잉 에너지를 쓰고 있는 사람들에게 이렇게 말하곤 한다.

"인간의 품격은 알몸에서 나오는 거야."

"그럼 알몸으로 다니라고?"

"자신 있다면 알몸으로 다녀도 돼지."

나는 진지하게 말한다. 알몸은 누구나 다 똑같다. 그래서 자신 없어 할 것도 없다.

육군 훈련병이었을 때 일이다. 갑자기 교관이 훈련병 내무반에 들어오더니 전부 알몸으로 만들어 놓고 일렬로 서게 했다.

"너희들은 학력이 어디까지고, 사회에서 무엇을 하고 왔든지 지금은 다 똑같은 거다. 전우에게 우월감도 열등감도 절대로 가지면 안 된다. 알았나?"

우리는 몸에 잔뜩 힘주고 외쳤다.

"예, 알겠습니다."

그 짧은 순간에 우리는 진정 모두 다 알몸으로 하나 된 것 같았다. 방어할 수 없는 진짜 모습을 있는 그대로 서로 보여 주었기 때문이다.

모두가 본래 알몸인 것을 그 위에 덧칠해 놓고, 덧칠한 그 무엇에 목숨 걸고 등급을 매겨 놓으니, 더 좋은 것으로 덧칠하려고 사람들은 돈에 목맨다.

신체뿐만 아니라 인생도 알몸이다. 아무리 많은 부를 가졌어도 때가 되면 다 알몸이 돼 떠나고, 마침내 그 알몸마저 썩어 흙의 일부가 된다. 그리하여 사람의 품격은 알몸에서 나온다. 있는 그대로 보여 줘도 부끄럽지 않은 알몸을 가졌다면, 당신이야말로 품격이 높은 자연주의 사람이다. 덕지덕지 몸에 가린 옷을 다 벗어 던지고, 그대는 알몸을 그대로 보여 줄 수 있는가?

흉터 진 곳이면 흉터 진 곳 그대로, 화상 입은 곳이면 화상 입은 그대로, 검거나 희거나 누렇거나 있는 그대로. 어떤 사람은 고품격으로 보이려고 목소리까지 변조하는데, 목소리에까지 힘이 들어가면 인간 갱신 정말 힘들다. 품격은 잘 보여 주겠다는 의지에서 나오지 않고, 존재에서 자연스럽게 풍긴다.

알몸을 자신의 영성으로 삼는 사람은 최소한으로만 가리면 된다. 돈은 일종의 가리는 도구다. 좋은 집으로 공허를 가리고, 좋은 차로 협소한 인간성을 가리고, 좋은 옷으로 상처 입기 쉬운 신체를 가린다. 과소비로 빈곤한 인격을 가리기도 한다.

알몸을 부끄러워하지 않는 사람은 신체가 항상 이완돼 있고, 목소리는 청명하다. 그의 몸은 여전히 문명에 있으나, 정신은 자연 쪽으로 많이 이동해 있다.

◆

'돈 사람'이 아니라
'돈을 다스리는 사람'이 되어야 한다

◆

검찰에 구속 수사를 받는 사람은 구치소에 수감되기 직전에 담당관에게 알몸 수색을 받는다. 사회적 신분이 높은 사람일수록 두꺼운 옷을 껴 입으며 상당히 수치심을 느낀다고 한다.

알몸은 누구나 똑같은데, 똑같은 알몸을 부끄럽게 여기는 것은 그가 그동안 얼마나 겉치레로 살아왔는가를 입증한다. 자신의 알몸에서 느끼는 것이 곧 자신이다.

돈을 다스리는 마음은 많은 돈을 가졌더라도, 그 돈으로 자신의 알몸을 가리지 않는 데서 풍겨 나온다. 돈은 돈이고 존재는 존재다.

돈과 존재를 연결해서 생각하면 그는 '돈 사람'이 된다. 정신 나간 사람이 된다는 말이다. 돈에 정신을 빼앗긴다면 없어질 것에 영원을 빼앗기는 아주 불행한 일이다.

돈은 어차피 없어질 것이라 하니까, 자손들에게 물려주어 후손들이 잘살게 하면 그것 또한 보람이 아니냐고 반문하는 사람도 있다.

나는 이렇게 말한다.

"물론이죠. 당신 자손들이 당신 돈으로 넉넉하게 사는 것은 당신에게 기쁨이겠죠. 그 기쁨은 당신이 살아 있을 때까지입니다. 그러나 그것은 자손들이 할 일을 당신이 가로채는 일종의 폭력이라는 점도 생각해 보셔야 합니다."

제 한 몸 즐겁고 보람 있게 살기도 힘든데, 자손 대대로 책임지려는 사람에게 무슨 인생의 즐거움과 보람이 있겠는가. 돈 많은 사람은 살아 있을 때 그 돈을 쓰고 가야지, 그 돈의 즐거움과 보람도 얻는다.

내가 돈 없다고 함부로 막 말하는 것은 절대 아니다. 돈은 어떻게 벌고 쓰느냐에 따라 '돈 사람'이 되기도 하고, '돈을 다스리는 사람'도 된다.

한줄 돈 반성문

만일 당신이 돈에 정신을 빼앗긴다면, 없어질 것에 없어지지 않을 것을 빼앗기는 것과 다름없다.

애정 결핍은
돈 중독으로도
나타난다

⋮

H는 가난한 농부의 육 남매 자식 중 막내로 태어났으나 지금은 연봉 일억을 버는 자동차 회사 영업 사원이다. 그녀의 집중력은 상위 10퍼센트 이내에 들 것이다.

언니와 오빠들은 일찍부터 돈 벌러 혹은 공부하러 도회지로 갔다. 어린 시절에 H는 주로 어머니가 일하는 곳에 꽁지처럼 따라다니며 흙장난하면서 놀았다. 어머니는 일할 때마다 따라나서는 막내딸이 있었기 때문에, 힘겨운 농촌 생활에서도 크게 위로받았다. 그러나 H는 어머니가 옆에 있었으면서도 어머니의 사랑을 느끼지 못했다.

한 번은 어머니가 장에 나가 커다란 가방을 사 가지고 집으로 왔다. 그리고 어머니와 H의 옷가지를 주섬주섬 넣고는 다짜고짜 집을 나가자고 말했다.

"힘들다. 나는 왜 일만 하는 노예로 살아야 하나."

어린 H에게도, 어머니는 일만 하는 사람이었다. 어머니는 한 푼이라도 더 벌어 육 남매를 먹이고 가르치려고 밭에서 살았다. 그러나 어머니의 가출 시도는 해프닝으로 끝났다.

◆

돈 때문에 생긴
'중독'

◆

그 일을 계기로 H는 어머니를 위해서 뭔가를 해야 한다는 무언의 압력을 받았다. 뭔가는 바로 돈이다. 내가 돈을 많이 벌어 어머니에게 드리면 어머니의 한숨도 없어질 것이다. 어머니의 일중독은 돈 때문이고 일중독에서 벗어나려면 돈이 있어야 한다.

무슨 일이 있어도 돈을 벌어 어머니를 가난에서 해방시켜 드리겠다는 어린 H의 다짐은 소명과 같았다. 엄마에 대한 애정 결핍이 만들어 낸, 어머니에게 헌신하는 다짐이었다. 소위 '엄마 중독'이라 할 수 있다.

어머니는 돈에 한이 맺혀 있기에, 엄마 중독은 '돈 중독'으로 상징화된다. 개인의 애정 결핍이 다시 재현되는 사춘기에는 어머니에게 헌신하는 다짐을 까마득하게 잊고 있었다. 자기만의 세계에 심

취해 있었다. 그녀는 대학에 들어가서는 자신의 취향대로 철학과를 선택했다.

"돌이켜 보건데, 나는 엄마와 함께 있었으나 혼자 놀았다. 엄마가 일하시는 모습을 멀찍이 보면서 손가락이나 나뭇가지로 땅바닥에 무엇인가를 쓰면서 혼자 놀았다. 나에게 철학은 어린 시절에 그랬던 것처럼 내적 환상과 대화다."

H는 대학을 졸업하고 우연히 모 자동차 회사 영업 사원 모집 광고를 보았다. 그때가 막 마이카 시대에 들어선 시대였다. 자동차 판매 사원은 H의 성향과는 정반대의 직종이나 전공을 가리지 않고 뽑기에 관심이 갔다.

자동차는 워낙 비싼 물건이니 많이만 팔면 많은 돈을 벌 수 있을 것이란 단순한 논리가 그녀를 유혹했다. 그 순간, 어린 시절에 가진 돈 욕망이 섬광처럼 다시 점화됐다. 운이 좋게도 최종 합격했다.

중독 성향을 가진 사람은 한곳에 꽂히면 한 사람 이상의 일을 해낸다. 그들의 잠재력은 상황에 따라 빛을 발한다. H는 어머니가 온종일 밭에서 일한 것을 답습하듯, 온종일 자동차 판매하는 일에 몰두했다.

돈이 돈을 번다. 그녀가 어린 시절에 느꼈던 열등감은 돈이 다 보상해 주었다. 그녀는 돈으로 어머니에게 효도해 드림으로 꿈을 이루었다.

H는 자동차를 판매하기 위해서 태어난 사람 같았다. 실로 대단한 집중력을 발휘해 판매왕이 여러 번 되기도 했다. 에너지 총량의

법칙은 중독자에게 여실 없이 나타난다. 중독자는 어느 한곳에 심리 에너지를 투여하면 그것에는 능숙하지만, 그 밖의 다른 것에는 무능하다. H는 자동차 파는 일과 돈으로 타인에게 헌신하는 일에는 능숙했지만 자기를 돌보는 일에는 서툴렀다.

H는 어머니에게도 가족에게도 돈으로 헌신했다. 이상하게 마음은 가닿지 않고 돈으로만 하는 것 같아 어색했으나, 돈으로라도 할 수 있고 받는 사람이 기뻐하는 것으로 만족해했다.

◆

중독 과정은
거짓된 각본이다

◆

그런데 일중독자의 소외감이 들기 시작했다. H는 나이 쉰의 문턱에서 진한 외로움이 찾아왔다. 이전에도 그 외로움은 가끔 찾아왔지만 의지로 이겨 낼 수 있었다. 지금은 다르다. 목표했던 돈이 타인에게는 보상해 주었지만, 자신에게는 보상해 주지 못했다.

"외롭다. 가출하고 싶다. 옛날의 엄마처럼!"

어머니는 돈이 없어서 가출하려 했으나, H는 번 돈으로부터 소외당해 가출하고 싶었다. 돈은 참 모순 덩어리다.

어느 주말, 고객에게 전화받은 후에 화가 치밀어 오르는 것을 겨우 참고 그 즉시 찜질방으로 갔다. 찜질방에는 한두 사람 겨우 누울 수 있는 개인 토굴 같은 곳이 있었다. 그곳에 들어가 휴대폰을 껐다. 고객 전화를 받지 않기 위해서다. 토굴과 같은 그곳은 엄마의 자궁이다.

이 세상에서 엄마의 자궁보다 더 편했던 곳은 없다. 엄마가 다 알아서 해 주니 나는 아무것도 하지 않아도 되는 곳이다. 이상하게 마음이 편했다. 그날 집에 들어가지 않았다. 난생 처음 하는 착한 일탈이었다.

애착 이론에서 중독은 엄마와 불안정 애착한 유아가 엄마를 중독 물질이나 그 밖의 다른 대상에게서 찾는 것을 말한다. H에게 어머니의 한 맺힌 돈은 곧 어머니였다. 돈은 어머니 한을 풀어 주는 것이다. 어머니의 한이 풀어지면 어머니는 나에게 돌아올 것이다. 그래서 돈을 벌어 어머니에게 드린 것이다.

이처럼 중독 과정은 마음 안에서 일어나는 거짓 각본에 불과하다. H에게 필요한 것은 어머니 품과 같은 곳이다.

그날 H는 찜질방 토굴에서 전에 없는 편안함, 따뜻함, 안전함을 느끼고 이해받는 경험을 했다. 엄마 경험을 한 것이다. 그리고 '돈 엄마'를 찾아 자기를 잃고, 혹사시키고, 배신당하던 지난날들을 슬픔으로 돌아보았다.

중독자들은 자신이 자신에게 어머니 역할을 해줌으로 중독에서 벗어난다. 모든 사람의 마음에는 그만의 어머니가 지금도 살아 있다. 나만의 어머니를 만나면 그를 되찾은 아이가 되고, 어머니가 옆에 있으면 돈은 부수적인 것에 불과하다.

마음속에서 되찾은 어머니가 H에게 강한 어조로 말했다.

"너, 돈 욕망을 버려. 지금부터 자동차 한 대를 덜 팔더라도 너 자신을 돌봐야 해. 그렇지 않으면 돈이 너를 먹어 삼킬 거야. 돈 중독은 중독이 아니라 능력인 것처럼 너를 유혹해. 중독된 돈은 마약과 다를 바 없어."

《애착장애로서의 중독》을 쓴 하버드 의대의 필립 플로레스는 중독 심리 치료는 일반 심리 치료와는 달라서 강하게, 중독 물질의 극단적 결과를 제시하면서, 금기 사항을 지정해야 한다고 했다.

한 줄 돈 반성문

모든 사람의 마음속에는 평안과 위로를 주는 각자의 어머니가 살아 계신다. 그 모성을 재발견하면 돈 걱정은 부수적인 것에 불과해진다.

분리 불안이
돈 걱정을
만든다

오십 대 초반 K가 집안 경제 사정이 매우 안 좋아졌다며, 은행 빚을 얻어 평수를 줄여 이사 간다고 했다. 옆에 있던 사람이 은행 빚을 얻어 이사 간다는 말에 사정이 많이 어려워진 줄 알고 위로하려 한 말이다.

"저도 예전에 줄여서 간 적이 있는데, 처음 몇 주만 좌천된 것 같아 실망스럽고 불편했지만 곧 적응될 겁니다. 그런데 얼마나 줄였나요?"

"60평에서 45평으로요."

"예…, 그것도 줄인 건가요?"

나는 두 사람의 이야기를 듣고 말 했다.

"줄여 간 거 맞네요. 돈은 상대적입니다. 누구에게는 많은 것이 누구에게는 적고, 누구에게는 적은 것이 누구에게는 많고…"

위로하려던 사람은 고개를 갸우뚱거리며 말했다.

"그 지역에서 45평도 꽤 비싼데…."

K 입장에서는 줄여 간 것 맞다. 평수가 15평 줄었고, 그 지역 중심가에서 외곽으로 이사했다. 그에게 사업이 힘들어졌다는 것은 예전에 비해 상대적으로 힘들어졌다는 말이지, 당장 쓰러질 정도는 아니다.

돈을 대하는 생각은 상대적이다. 전세 대출을 얻으며까지 50평대만 고집하던 지인이 있다. 이사 갈 때마다 줄여 갈까 해서 30평대를 알아보지만 갈 수 없는 이유가 생긴다.

제일 먼저 짐을 들여놓을 곳이 없다. 짐은 줄이면 된다. 이사 다닐 때마다 불필요한 욕망이 얼마나 많이 불필요한 짐이 돼 따라다니는지 이사를 여러 번 해 본 사람은 잘 안다. 평수를 줄이지 못하는 진짜 이유는 자존감의 문제다.

넓은 평수에서 작은 평수로 옮겨 가는 일이 생각보다 쉬운 일이 아니다. 아파트 평수에 따라 그만한 경제적 수준의 사람들이 모인다. 주차장에 있는 차종이 다르다. 엘리베이터에서 만나는 사람들의 옷차림과 표정이 다르다.

원하지 않은 곳으로 이사했다가 갑자기 사회적 신분이 하락된 것 같아 우울해져, 일 년을 못 넘기고 대출받아 먼저 살던 곳으로 다시 이사 갔다는 사람도 있다.

◆

돈에 대해
불안이 생기는 이유

◆

　K의 불안은 성장 과정에서 받은 '돈 서러움' 때문이었다. K는 홀어머니 밑에서 매우 가난하게 어린 시절을 보냈다. 농촌에서 어머니는 남의 집안일을 다니며 자녀 셋을 키웠다. 가족들이 끼니를 굶을 때도 있었는데, 그럴 때는 불안과 두려움이 엄습해 왔다. 우리가 이 고생하는 것은 돈 때문이다. K에게 돈은 생존의 불안과 두려움으로부터 가족을 보호해 주는 강력한 무기다.

　이후에 그는 통장 잔고가 쌓일 때마다 기쁘기보다는 안심했다. 반면 쌓인 잔고가 줄어들면 지출을 줄이기보다는 불안해졌다. 불안을 이겨 내는 가장 좋은 방법은 불안을 넘어서는 세계관을 갖는 것인데, 사람들은 불안의 대증 요법만 사용하려 한다. 대증 요법은 불안의 근본원인을 처방하지 않고 불안 그 자체를 줄이는 치료법으로, K에게는 돈이면 해결할 수 있는 것이다.

　K가 중학생 때의 일이다. 학교에서 집으로 돌아온 K는 어머니와 집주인이 마당에서 하는 이야기를 엿들었다. 월세가 밀려 집을 빼 달라는 것이다. 어머니는 양손을 살살 비는 것처럼 사정했다. 주인은 마치 아랫사람을 대하듯이 목을 곧게 세우고 여유를 한 달간 더 주겠다고 했다. 그때까지 밀린 방세를 내지 못하면 자기도 어쩔 수

없다고 했다.

그 일이 있은 후로 어머니는 자정이 되서야 집으로 돌아와서는 쓰러져 주무셨다. K는 어머니가 어떻게 되시는 것은 아닌가 몹시 불안했다. 만일 어머니에게 무슨 일이 생긴다면? 나와 두 동생은 어떻게 하란 말인가. 당장 집부터 빼야 하는데 어디로 이사 가야 하나. 갈 곳은 고아원뿐이다.

어머니는 몇 가지 일을 하시는지 새벽에 들어오시는 경우도 많았다. K는 어머니가 안 들어오실 것 같아 매우 불안해했다. 다 돈 때문이다. 어린 시절에 돈 때문에 생긴 분리 불안은 돈을 어머니처럼 숭배하는 성격의 원인이 되기도 한다.

◆

'돈 정신 병리'를 해결하려면
다른 애착 대상을 찾아야 한다

◆

K에게 돈은 인생을 풍요롭게 하는 자가 아니라, 불안 해결사다. 그는 통장 잔고가 줄어든다고 생각하면, 통제하기 힘든 불안에 빠져든다. 이 불안은 어린 시절에 '집을 잃으면 어떻게 하나, 그리고 어머니를 잃으면 어떻게 하나'에서 나온 분리 불안이다. 당장 필요한 사업 자금을 마련하려고 큰 집을 팔고 작은 집으로 이사를 가려니 어린 시절의 그 불안이 다시 의식 위로 올라온 것이다.

K는 돈과 관련된 억압된 불안 덩어리가 있었고, 그런 신경증적 불안을 해결하기 위해 돈에 미쳐야 했다. 그에게 돈 트라우마를 해결하는 방법은 오직 돈을 버는 일이다.

돈 트라우마는 외상을 불러일으키는 내면의 아이를 어루만져 주고, 돈이 아닌 다른 것에서 즐거움과 감사를 발견할 때에 치유된다. 돈에 관한 한 감정이 아니라 이성으로 판단해야 한다. 이성은 불안정한 감정을 완화시킨다. 그래서 나는 그에게 이렇게 말했다.

"이성으로 돌아오세요. 육억짜리 아파트를 사서 오천만 원 들여 실내 인테리어를 하면서 돈이 없어 불안하다면 누가 믿겠어요."

나는 이상 심리를 나누는 세 가지 방식으로 '돈 정신 병리'를 분류하곤 한다.

첫째는 '돈 신경증'으로 비이성적이고 비합리적인 '돈 불안'에 사로잡혀서 주관적으로 힘든 상태를 말한다.

둘째는 '돈 성격 장애'로 돈이 최고가 돼 인간관계를 이용하는 '돈의 사람'을 말한다.

셋째는 '돈 정신병'으로 돈에 미쳐서 다른 아무것도 안 보이는 '돈에 노예가 된 상태'를 말한다.

이런 '돈 정신 병리'는 어린 시절 트라우마인 분리 불안을 해결하기 위해 돈을 애착 대상으로 삼아 생긴다. 해결하려면 돈이 아니라 다른 애착 대상을 찾아야 하는데, 그것은 지천에 널렸다.

한 줄 돈 반성문

불안하니까 돈에 집착하고, 돈에 집착할수록 더 불안해진다. 차라리 다른 즐거운 일에 빠지면 불안은 완화되고 돈 걱정도 덤으로 사라진다.

에듀푸어가
배워야 할 것은
무엇인가

⋮

물을 팔아 자식을 교육시켰다는 함경도 물장수의 물통에는 부모의 한이 들었다. 골이 깊은 신분 사회에서 가난한 부모가 자식의 신분을 상승시키기 위해 할 수 있는 유일한 일은 교육이었다.

부모의 몸뚱이는 자식의 것이다. 그렇게 자식을 성공시킨 부모의 삶은 결국에는 아무것도 아니게 되거나, 성공한 자식의 부와 명예를 함께 누리는, 타인의 삶에 예속된 삶에나 만족해야 하는 경우도 많다.

이렇게 생각해 본 적이 있는가?

"자식 교육을 위해서 돈 버는 짐승이 된 부모는 마음속으로, 돈보다 더 소중한 것을 갈망하기도 한다."

자식을 성공시키겠다는 일념으로 물을 판 함경도 물장수는 물통에 구멍이 날 무렵에 깨닫는다.

"아, 내 마음 깊은 곳에는 자식이 아닌 나 자신에 대한 깊은 관심이 있었구나."

하나에 과도하게 집착하면 그 반대의 것을 소외시킨다.

◆

대리 만족을 위해 자처한
에듀푸어의 삶

◆

E는 빈농의 막내로 태어났다. 형과 누나들은 중학교 혹은 고등학교를 겨우 마치고 도회지의 공장으로 취업했다. 안 쓰고 안 먹고 꼿꼿이 모은 돈을 모두 고향 집으로 보냈다.

막내로 태어난 E는 그 혜택으로 공부에만 전념했고 서울에 있는 대학에 들어갔다. 대학 다니는 내내 아르바이트했고, 신분 상승을 위해 졸업 후에는 행정 고시를 보려고 했다.

한 일 년 정도 고시에 전념하면 합격할 수 있다고 생각했으나, 아버지가 중풍으로 쓰러지는 바람에 무조건 연봉이 높은 대기업에 취업했다. 고시를 보겠다는 미련은 포기한 채 눈코 뜰 새 없는 바쁜 일과에 자신을 맡겼다. 늘 아쉬움은 있었다.

"부모에게 지원받았더라면 미래가 보장되는 관직으로 갈 수 있었을 텐데…."

E는 자식만큼은 신분을 상승시키고 싶었다. 비록 자신에게 해가 된다 할지라도, 간절히 소망하면 이루어지는 경우가 많다. E는 외국 지사로 발령받았다. E에게 중요한 것은 그곳에서 실적을 쌓아 진급 하는 것이 아니라, 자식들을 그곳 국제 학교에 입학시켜 스펙을 올려 주는 일이었다. 자신은 받지 못한 아버지의 특혜를 자식들에게 주고 싶었다.

가진 재산 없는 월급쟁이가 두 아이를 국제 학교에 입학시켜 공부시키는 일은 봉급을 다 털고 부채를 지지 않으면 불가능했다. 행운은 따라 주지 않았다.

소심한 두 아이는 낯선 이국땅에 적응하지 못했다. 귀국해서 조현병과 대인 공포증으로 정신과 치료와 상담 치료를 병행하며 여전히 돈을 많이 쓰고 있다. 자식들의 신분이 상승하기를 기대한 E의 핑크빛 꿈은 무너졌다.

조현병에 걸린 맏이는 다니던 대학을 휴학했고, 대인 공포증에 걸린 둘째는 학사 경고 겨우 면해 가며 대학 생활을 유지했다. 큰아이는 병세가 심해서 부모가 평생 책임져야 할지도 모른다. E는 대기업의 생리상 곧 퇴임해야 한다. 불행은 예고 없이 온다.

E가 말했다.

"저희는 에듀푸어입니다."

에듀푸어는 교육을 뜻하는 에듀케이션education과 가난한 사람들을 뜻하는 푸어the poor를 합성한 말이다. 수입에 비해 과도하게 교육비를 지출해 궁핍해진 사람들을 말한다.

지금 E에게 남은 것은 인생의 무거운 짐뿐이다. 누구 때문이라고 할 수도 없다. E가 자식에게 남다르게 기대한 걸 죄라 할 수 없고, 자식들 역시 생존하려고 발버둥 치다가 얻은 치명적인 마음의 질병은 그들 의지에 반한 일이다. 운명의 수레바퀴는 인간의 뜻을 묻지 않고 달린다.

좀처럼 감정 표현을 하지 않는 E의 입에서 긴 한숨이 나왔다. 나 또한 그에게 감정 이입하면서 긴 한숨이 소리 없이 나왔다. E에게 딱히 해 줄 말이 없었다. 그도 심리적 처방을 원하는 것 같지는 않았다. 지금은 심리적 처방, 그 이상이 필요한 때다.

E는 돈을 투자해 자식들의 신분을 상승시킬 수 있다고 믿었다. 자기가 돈이 없어 신분 상승하려는 뜻을 이루지 못했으니까. 자식 농사는 투자한 만큼 결과가 나오는 경영학 논리가 아닌데, 아마 그렇게 믿고 싶었을 것이다.

적지 않은 연봉을 받아 온스스로 E는 지금 에듀푸어다. 해마다 찍어 내는 그 많은 돈들은 다 어디에 숨었을까. 돈은 투명인간인가?

◆

돈의 맞은편에는
정신적 가치가 있다

◆

인생에서 올 것은 멀리서 들려오는 기적 소리처럼 서서히 들려온다. 한쪽 귀를 땅에 대고 기적 소리에 집중하면 올 것이 무엇이며, 어디쯤 왔는지 가늠하고 대처할 수 있다. 이런 능력을 혜안이라고 한다. 에듀푸어라는 기적 소리가 서서히 들려오고 있었으나, E는 외면했다.

그렇다고 실패한 인생이라고 단정할 수는 없다. 실패한 인생은 실패 한 번으로 다른 모든 일들을 실패로 단정해 버리는 것이다. 성공한 인생은 실패 하나를 딛고 오뚝이처럼 일어나는 것을 말한다. 돈을 벌어 재기할 수 있고, 돈이 아닌 교훈을 얻어 성장할 수도 있다. 그것은 각자의 성향에 따른다.

인생에서 실패했다고 생각할 때에는 지금까지 추구한 것의 반대편에는 무엇이 있는지 살피고 그것의 의미를 발견하라. 돈과 자식의 신분을 상승시키려는 욕망 반대편에는 무엇이 있을까? 돈이 아닌 정신적 가치들, 그리고 자식이 아니라 자기 자신에 대한 깊은 믿음이 있을 것이다.

신약 성경 히브리서에서는 믿음이란 바라는 것들의 실상이라고 했다. 바랄 것을 제대로 바라면 그대로 이루어진다. E는 지금 바랄 것을 바꾸어야 하는 인생의 갈림길에 서 있다.

돈은 몇 바퀴 돌다가 필요한 사람 앞에서 멈춘다. 그리고 내 앞에서 멈춘 돈은 돈이 아니라 다른 밖의 다른 소중한 것을 내 앞에 두고 떠날 때도 있다.

적지 않은 돈을 벌었는데 그 돈이 다 어디 갔는지 모르겠다고 푸념하는 사람도 많다. 그 돈을 찾지 말라. 지금까지 추구한 욕망의 반대편에 있는 것들을 잡으라. 당신의 것은 거기서 나온다.

게슈탈트 심리학에서는 사람 마음의 한 요소가 아니라 전체를 보려고 한다.

"겉이 있으면 속이 있고, 형상이 있으면 배경도 있다."

'루빈의 잔' 그림은 가운데는 흰색 잔으로 보이고 양쪽에는 검정색 사람 얼굴이 서로 마주보는 모습으로 보인다. 여기서 잔뿐만 아니라 양쪽에서 서로 마주보는 얼굴도 모두 다 볼 수 있어야 형상과 배경을 모두 다 보는 것이다.

돈 욕망의 맞은편에는 그동안 부인하고 살았던 정신적 가치가 있다. 자식을 교육시키려는 집착의 맞은편에는 자기 성장의 욕망도 있다.

돈의 맞은편에 있는 정신적 가치는 무엇인가? 자식 교육의 맞은편에 있는 자기 성장은 또 무엇인가? 그것은 가르쳐서 터득하는 것이 아니다. 욕망 하나에서 실패하고 그와 반대되는 것을 집요하게 판 후에야 깨닫게 되는 인생의 산 교훈이다.

한 줄 돈 반성문

현명한 부모는 자신들의 삶을 포기까지 하면서 자식에게 전적으로 투자하지 않는다.

사랑을
돈으로
보상받으려 하지 말라

:

설리번과 매슬로에 의하면 사람은 안전에 대한 욕구와 돌아갈 수 있는 편안한 장소를 갖고 싶다는 욕구가 있어 결혼도 한다. 그런데 역마살이 낀 남성은 집에서 안전함과 편안함을 느끼지 못한다. 이런 사람들은 분열성 성격의 범주에 속한다.

그런 이상 심리가 아닐지라도 남성에게 돈이 많으면 집이 아니라 다른 편안한 장소를 만들려는 욕망이 생길 수 있다. 전자는 마음의 병을 고치면 집으로 돌아오고, 후자는 돈이 없거나 병들면 집으로 돌아온다. 둘 다 힘든 남자들이다.

M은 사십 대 후반으로 그녀의 남편은 돈 잘 버는 펀드 매니저다. 남편은 이유를 달아 주말에는 거의 밖으로 돈다. 돈 많은 남자, 마음만 먹으면 세상에 재미있는 일은 참 많다. 일박 이일, 이박 삼일

도 흔하다. 그리고 당연하다는 듯이 집에 들어온다.

M의 언니는 네 남편이 수상하니 흥신소에 뒷조사를 의뢰하라고까지 했다. M은 남편이 수상했지만 불안과 직면하기 두려워 남편이 돌아오기를 열녀처럼 기다렸다.

착한 아내 콤플렉스가 있는 사람은 이렇게 생각한다.

"아내 노릇 잘하고 아이들 잘 키우면 언젠가는 돌아오겠지."

여성의 인내심은 남성을 위로해 주고, 여성의 냉정한 태도는 남성을 두렵게 한다. 남성들은 냉정해야 할 때 냉정하지 못하는 여성에게 고마워하기보다 그들을 무시하기도 한다.

◆

돈의 혜택으로
겉치장한 사랑

◆

M의 남편은 착한 아내 덕에 마음껏 외유를 즐겼고, 아내는 일편단심 민들레를 애창곡으로 인내심을 발휘했다. 남편은 아내의 인내심을 매력 없다고 받아들였다. 아무래도 남편에게 딴 여자가 생긴 것 같다.

남편 바라보기에 지친 M은 남편이 아니라 내가 나를 기다리자고 생각을 바꿨다. 그것은 내가 원하는 것을 나에게 해 주는 거다. 남편이 새로 구입하려는 부동산을 박박 우겨 자기 명의로 했다. 남편

통장에 입금되는 부동산 임대료를 공동 관리하자고 했다.

행복한 부부 생활의 꿈을 접은 M은 사십 대 후반의 욜로YOLO, You Only Live Once족이 되기로 결심했다. 남편의 신용 카드를 들고 다니며 돈 쓰는 것으로 스트레스를 풀었다. 카드를 긁을 때마다 내역은 남편에게 문자로 간다. 액수가 클수록 남편에게 크게 복수하는 거다.

바로 남편에게 항의 전화를 받을 때도 있지만, 속이 후련하다. 역시 돈 많은 사람은 돈 쓰며 스트레스를 풀어야 한다. 그래야 국가 경제도 돌아가니 애국도 하는 거다.

가진 것에 비하면 근검절약하며 살아온 M, 서서히 집안에 불필요한 물건이 쌓이기 시작했고, 외출 준비에 더 많은 시간을 들여야 했다. 정오에 깃털을 올린 공작새가 돼 각종 모임에 나가면 그동안 움츠린 날개가 쫙 펴진 느낌이다.

그녀는 남편 돈으로 남편에게 복수하기로 했다.

"나도 남편이 밖에서 하는 것 같이 하자."

얌전했던 그녀에게는 중년의 일탈이다. 사람들은 겉모습만 보고 M이 남편의 사랑을 많이 받는 줄 안다. 사랑이 아니라 돈의 혜택이다. 그리고 집에 오면 공허하다.

◆

스스로 사랑하는 방법을 찾아야 한다

◆

돈으로 보상받으려는 사랑의 행위는 끝이 없다. M은 한 사교 모임에서 화려한 점심 식사를 즐기고 지하 주차장에 함께 내려갔다. 다들 타고 온 승용차가 예사롭지 않다. M은 남편이 차를 바꾸면서 쓰던 차를 받아 오 년째 타고 있었다.

그날따라 남편이 버린 차를 오 년씩이나 타고 있다는 것이 매우 불쾌하게 느껴졌다. M은 곧바로 외제 승용차 대리점에 가서 적당한 차를 골라 견적을 뽑았다. 그리고 남편에게 사 달라고 요청하기로 했다.

무슨 이유로 이런 생각이 들었는지 모르겠다. 그래야 좋은 결과를 기대하기 어려운데, M은 외제 승용차를 빌미로 남편의 사랑을 확인하고 싶었던 것이다. 이십 년 접어 둔 사랑이 갑자기 펴질 리 없는데, 사랑을 구하는 마음은 알 수 없다.

"만일 이 남자가 나에게 외제 승용차를 자기 돈으로 사 준다면 나에 대한 애정이 아직 남아 있다는 거야."

남편에게 돌아온 답변은 간단했다.

"외제 차를 산다고? 당신이 비즈니스라도 하나? 당신 비상금으로 국산 차나 사."

M이 기대한 외제 승용차가, 아니 사랑이 거부당했다.

"알았어, 자동찻값 절반은 당신이 내."

절반의 사랑이라도 내놓으라는 거다. 남편은 냉정했다.

"싫다니까, 당신이 무슨 외제 차가 필요하다고?"

뻔히 예상한 답변인데 마음이 아팠다. 의식에서는 이 남자하고는 안 되지, 하면서도 무의식에서는 한번 잘해 보고 싶었다. 그래서 목 돈을 한번 요구한 거다. 이거 해 주면 남편이 나를 사랑하고 있다는 증거라고 자위라도 하고 싶었다. 남편과 함께 승용차 대리점에 나가서 차를 고르고 계약서를 쓰는 일련의 과정을 거치면서 혹시 남아 있을지 모를 사랑을 확인하고 싶었다. 단칼에 거절당하자, 한 올 남아 있던 사랑을 기대하는 마음도 함께 무너졌다.

"사랑을 돈으로 구걸하려 한 내가 바보다."

지금은 아이들 때문에 이십여 년을 기다려 온 사랑과 심리적 안녕을 고할 때다. 나의 심리 클리닉에서 이심이체로 살아가는 부부도 종종 본다.

M은 돈으로 대체하려 한 방어 전략들을 포기하고 중장기 인생 프로젝트를 구상하기로 했다. 남은 생에 헌신할 나만의 일을 찾는 것, 그것은 바로 내가 나를 사랑하는 방법이다.

부부 심리학자 가트맨은 부부 삼천 쌍을 연구한 결과, 부부는 100퍼센트 중에 30퍼센트만 서로 타협할 수 있어도 행복할 수 있다고 했다.

그러나 돈과 역마살에 빠진 남편이라면, 그 30퍼센트마저 다른 곳에서 얻으려 한다. 그의 아내는 차선을 최선으로 만드는 삶을 찾아야 한다. 내가 원하는 것을 직접 해 주며 당당하게 사는 거다. 요즘 남편은 열녀보다는 당당하게 사는 아내를 더 높이 평가한다.

한 줄 돈 반성문

돈과 역마살에 빠진 남편을 둔 아내들은 남편의 사랑을 기대하지 말고
자기만의 생활을 만들어 나가야 중년이나 황혼 우울증에 걸리지 않는다.

돈 걱정하는 사람은
돈을
신주로 모신다

:

롭 라이너 감독의 영화 〈버킷 리스트(죽기 전에 해야 할 일이나 하고 싶은 일 목록)〉에는 불만투성이 독불장군 백만장자와 가난하지만 인간성이 따뜻한 자동차 정비사가 등장한다. 둘은 우연히 병원에서 만났는데, 버킷 리스트를 실행하려고 함께 여행을 떠난다.

백만장자는 돈을 신주로 모시는 인물이다. 사업 관계만 있을 뿐 따뜻한 인간관계라고는 하나도 맺지 못했다. 그러다 자신과 정반대인 가난한 정비사와 따뜻한 인간관계를 맺는다. 그러면서 백만장자가 가족과 화해하고 마침내 죽음까지 받아들인다는 내용이다.

영화에서 백만장자 캐릭터는 분리 불안을 느끼는 사람의 전형으로 묘사된다.

◆

돈 신주를 포기해야
마음이 비워진다

◆

은행 지점장 B는 곧 명예퇴직해야 한다. 그 정도면 한 직장에서 성공했으니 이제는 마음 비울 준비를 하라고 하지만, 임원이 되고 싶은 야망을 버릴 수 없다. 그러려면 실적을 쌓기 위해 더 열심히 뛰어다니고 사람을 만나야 한다.

하지만 에너지가 부족하다. 나이 탓도 있지만, 더 큰 이유는 열심히 해야 임원으로 승진할 가능성이 거의 없기 때문이다. 그렇다고 퇴임을 기정사실로 받아들여 어영부영하자니, 그것은 지금까지 살아온 그의 방식이 아니다. 먼저 퇴임한 선배들은 이제는 마음을 비우고 건강이나 잘 챙기라고 했다.

B의 고민은 이렇다.

"도대체 마음을 비우는 것은 무엇을 의미하나? 그것은 어떻게 하는 것인가?"

앞만 보고 달려온 그에게 마음 비우기는 직무를 유기하거나 실패하게 되는 거다.

과거의 B가 말한다.

"너에게는 아직도 가능성이 더 많아. 행운은 노력의 결과야. 단 1퍼센트의 가능성을 보고도 달리는 사람이 돼야 해."

현재의 B도 말한다.

"그래서 얻을 것이 뭐라고. 기껏해야 명예퇴직."

두 가지 생각은 서로 자기가 옳다고 싸움질한다. B는 불안하다. 노후 대책은 필요한 만큼 해 놓았는데, 돈은 항상 더 있어야 할 것 같아 불안하다. 돈 불안에 사로잡힌 사람은 돈을 신주로 모신다.

B는 열심히 일하는 삼십 대 중반 직원을 지점장실로 불렀다.

"자네는 어떤 목적을 가지고 직장 생활을 하는가?"

"목적이라니요?"

"우리 은행에서 크고 싶은 야망 말이야."

"커야 스트레스만 받고 개인 생활만 없어지던데요. 지점장님을 보면 저도 지점장이 돼야겠다, 하는 생각이 안 들어요. 봉급 조금 더 받는 것뿐인데, 뭣하러 그렇게 힘들게 살아요. 저는 제 삶에 만족해요."

이런 대답이 나올 줄 예상은 했다. 그래도 선배로서 한마디 해 주고 싶었다.

"젊은 사람이 그런 생각을 가지면 어떻게 하나. 세상은 적자생존인데, 야망을 가져야지."

하지만 얼른 접었다. 오히려 소외감이 들었다.

'저 친구는 사는 게 즐거운 모양인데, 나는 왜 지금까지 즐겁지 못할까?'

즐거울 겨를이 없다. 동기들을 제치고 가장 먼저 지점장을 달았다. 은행 지점장은 한량하게 자리나 지키고 있을 자리가 결코 아니었다. 출근은 고대 원형 경기장으로 사자와 시합하러 가는 것 같았다. 본사 영업 본부장이 주관하는 지점장 회의가 있는 날에는, 자존심을 옷장에 떼어 놓고 나간다. 즐거울 수 없는 인생살이다.

동창회에 가면 친구들이 이렇게 말한다.

"이젠 갈 참인데, 쉬엄쉬엄해야지."

B는 스스로 물었다.

'나는 왜 쉬엄쉬엄 가지 못할까?'

B는 평생을 은행에서 내 돈 아닌 돈을 내 돈처럼 주무르며 돈의 세도를 누렸다. 내 돈 아닌 돈은 내게나 타인에게나 욕망의 신주였다. 적자생존이다. 끝까지 남아 돈을 챙기는 사람이 산다.

B의 신앙은 돈을 신주로 모시는 거다. 그러면서 그의 돈 신주는 인간관계를 좀먹어 들어갔다. 아들러는 돈은 사회관계를 회피하는 도구가 될 수 있다고 했다.

돈 신주를 포기해야 마음이 비워진다. 하지만 한 삼십 년 섬겨 온 돈 신주를 내버리는 일은 정말 힘들다. B가 임원으로 승진하리라는 실현 불가능한 야망을 버리지 못하는 이유는 높은 연봉을 절대 포기할 수 없기 때문이다.

그에게 높은 연봉은 그가 곧 '돈 신주'가 되는 것이다. 인간이 신이 되는데, 그 야망을 코앞에서 버릴 수 있겠는가.

◆

채우고 싶은 만큼 더 쓰면
쓰는 만큼 비워진다

◆

그가 어떻게 마음을 비우는지 모르는 것은 당연하다. 평생을 채우는 일에만 전념했으니 '비우다'라는 동사가 있다는 것을 알기는 알까? 알고 보면 매우 간단하다. 나는 그에게 말했다.

"돈을 쓰세요. 쓰는 만큼 (마음이) 비워집니다."

그러나 그는 쓰는 만큼 다시 채워야 적자생존한다는 철학이 있었다. 내가 다시 말했다.

"채우고 싶은 만큼 더 쓰세요. 그렇다고 길가에 나앉게 되지 않잖아요."

사람들이 마음을 비우지 못하는 것은 마음을 채우고 있는 물질을 비우지 못하기 때문이다. 물질은 비우지 못하면서 마음을 비워 공으로 만들어 자유롭겠다는 것은 어불성설이다.

불교에서는 성불하기 위해서, 기독교에서는 성화하기 위해서 자선은 필수다. 자선은 곧 마음 비우기다.

예수는 어떻게 하면 영생을 얻을 수 있느냐며 물어 오는 부자 청년에게 가진 것을 다 팔아 가난한 사람에게 나누어 주라고 말씀했다. 부자 청년에게 돈은 신주다. 돈 신주를 버려야 영생을 얻는데, 돈 신주를 버리는 일은 돈으로 자비를 베푸는 일이라고 말씀한 것이다.

요즘 종교계에서도 돈을 신주로 모신 믿음이 좋은 신종 성직자들이 등장한다. 대형 교회의 엄청난 재정권과 인사권을 다른 사람에게 줄 수 없어서, 그들은 하나님의 계시라며 아들에게 물려준다.

그보다 못한 작은 교회는 교회 재산을 목회자의 명의로 관리해 왔는데, 은퇴가 가까워 오면 목회자는 허술한 틈을 만들어 교회 돈을 다 자기 돈으로 만들어 버리려고 한다. 그것은 다 하나님의 뜻이 된다. 돈이 만든 '신종' 성직자다.

인간은 불안하기에 종교를 찾는다. 돈을 신주로 모시는 사람들 역시 불안해서 그렇다. 그런데 돈은 쌓이면 쌓일수록 관리 문제로 또 불안해진다. 의식주가 최소한 해결된다면, 이후는 돈이 행복에 그다지 기여하지 않는다는 각종 연구 조사처럼, 돈이 불안을 해결해 준다는 생각은 환상에 불과하다.

대상관계 심리학에서 아동이 대변을 항문에 보유하려는 것은 엄마를 보유하고 싶은 분리 불안 때문이다. 대변을 보유하려는 욕망이 과하면 성인에게 돈을 신주로 모시는 것으로 나타난다. 그들에게 돈은 불안을 감싸 안아 주는 엄마나 다름없다.

그들이 분리 불안에서 벗어나기 위해서는 그들의 불안을 달래 줄 다른 따뜻한 모성 대상을 찾아야 한다. 가령 진실한 인간관계, 건전한 취미 생활, 건강한 종교 생활, 인생의 의미를 진지하게 탐구하는 일, 자연을 동경하는 일들이다.

한 줄 돈 반성문

불안은 따뜻한 모성을 그리워하는 신호이니 돈 말고, 모성을 대체할 다른 정신적 자산을 확보하라.

피보다
돈이
진할 때

：

정신 분석학자 도널드 위니컷은 엄마가 자녀마다 다루는 방식은 다 다르고, 자녀 역시 각자의 방식대로 엄마를 경험한다고 한다. 장자 선호 사상이 지배적이던 베이비 붐 시대에는 단지 장남이라는 이유로 부모로부터 편애받는 것이 당연시됐다. 형제간에 반목은 여기서부터 시작된다.

부모가 돌아가신 직후에 형제지간 남남이 돼 버리는 경우가 종종 있다. 열 손가락을 물면 안 아픈 손가락이 없다. 그러나 아픈 정도는 손가락마다 다르다. 부모의 자식 사랑, 모든 자식에게 똑같은 줄 생각하지 마라.

유산 분배 테이블에 자식들을 불러 모은 부모에게는 누구에게는 더 주고, 누구에게는 덜 줘야 할 이유가 있다. 자식 역시, 좀 더 받아야 하는 이유가 각자 있다.

◆

돈 앞에서 재현되는
형제간의 갈등

◆

"○○○는 가족이 없으니 돈 욕심이 없을 겁니다. 본래 그 자리가 크게 한몫 해 먹는 자리라고 하니 돈 욕심 없는 분을 찍어야 청렴한 대통령도 나오지 않겠습니까?"

누군가가 이렇게 말해 내가 답했다.

"허허, 돈 욕심 없는 사람이 어디 있단 말입니까? 그 댁, 갑자기 세상을 떠나신 아버지 유산을 공정하게 분배하지 못해서 형제자매들끼리 아직도 남남이 됐다 하지 않습니까?"

일본의 정신과 의사 오카다 다카시는 저서《나는 왜 형제가 불편할까》의 서두를 "성경에 따르면 인류의 절반은 동생을 죽인 카인의 후예"라는 예시로 시작한다. 부모와 형제자매 관계는 부모를 정점으로 삼각관계를 이루고, 부모가 자녀들에게 어떻게 대하느냐가 형제자매의 관계나 성격에도 영향을 준다고 한다.

형제간에서 유년기 때 갈등과 경쟁은 사회화의 기초다. 그 후에 부모의 유산 앞에서 다시 치열하게 재현된다.

부모의 유산, 노동 없이 생기기에 매력 있는 재화다.

유산이 많다면?

많을수록 분배 과정은 공정하지 못하다.

공정하지 않다면?

형제끼리 일전은 피할 수 없다. 노동 없이 생기는 재화에 양보할 사람은 없다.

친구 아무개는 조부가 남긴 적지 않은 재산을 제대로 물려받지 못하는 수모를 당했다. 무질서한 삶 때문에 장손으로 신임받지 못해서다. 조금이라도 더 받으려 갖은 방법을 모두 동원했으나, 길이 없어 포기했다. 그러고는 돈 가지고 후손끼리 싸우기 싫어 당당히 양보했다고 떠들고 다녔다. 양보한 게 아니라, 양보당했다.

◆

돈이 피보다
진하게 되지 않게 하려면

◆

G는 타고난 복 받은 사람, 즉 금수저다. 그는 부모 돈으로 작은 유통업체를 운영했으나, 온실서 자란 화초라 근성도 사업 전략도 없었다. 아버지 도움으로 겨우 현상만 유지했다.

G의 아버지는 고위 공직을 마치기 전에, 그때는 동종업체와 경쟁하지 않고도 평생 먹고살 수 있는 어떤 일을 분배받아 아들에게 주었다. 변변치 않은 유통업체에서 겨우 적자나 면하며 사업하던 G

는 하루아침에 알짜 업체의 사장이 됐다. 금수저의 특혜는 누구도 막을 수 없다.

G는 홀로된 모친을 병시중하면서 돌아가실 때까지 모셨다. 지인들은 G를 효자라고 하는데, 그 말은 나름 들을 만도 했다. 아들은 모친에게 이렇다 할 불평이나 투정 없이 비위를 잘 맞추어 드렸고, 대감댁 안주인으로 후한 대접을 받으며 살아온 깐깐한 시어머니를 모시는 일이 쉽지 않았겠지만 며느리는 그 일을 그럭저럭 해냈다. 누가 봐도 효자고, 효부라 할 만한 이유는 있다.

엄밀히 말하면 모셨다기보다는 함께 산 거였다. 궂은 일은 가사 도우미가 다 한다. 병시중 도우미도 항상 대기 중이다. 그 집 사정을 좀 아는 사람들이 하는 말이다.

"저 노인이 똥오줌을 받아 내어도 돈이 있으니 아들 며느리에게 박대당하지 않는 거야."

그 집에 문병 갔다가 온 사람들이 도우미에게 들은 말이다.

"어쩌면, 아들이고 며느리고 한 번도 들여다보지를 않아요. 아무리 엄마의 의식이 없다고 하지만…"

노인 모시는 일이 얼마나 힘든데, 이유는 있겠다. 그 정도도 자식 입장에서 최선을 다한 것이다. 몸으로 하는 일들은 사람을 써서 했다고 결혼 이후 지금까지 줄곧 부모님과 함께 살았는데 모시지 않은 아니다. 긴 세월 함께 사는 노인에게 립 서비스하는 일도 결코 작은 일이 아니다.

장남 편애가 유독 심한 이 어르신, 유산 분배 과정에서는 너무 불

공정했다. 경제적으로 매우 어려워진 다른 아들과 딸도 있었는데, 적지 않은 유산을 맏아들에게 다 주고 알아서 하라고 말했다. 형제자매들은 그래도 합리적으로 유산이 분배될 줄로 믿었다.

자식들 간에 유산 분배 문제로 쑥덕거리긴 했으나, 장례식은 잘 치렀다. 가족들끼리 삼우제를 치르러 다시 산에 올라갔다. 큰일을 치르고 긴장이 풀릴 즈음에 큰일이 본격적으로 출격을 기다린다. 인생사가 그렇다. 이제부터 유산 분배 문제가 나와야 하는데, 그 타이밍만을 눈치 보고 있었다. 다들 몸은 산에 있었으나 마음은 형제들끼리 치를 협상 테이블에 가 있었다.

봉분 앞에서 간단한 의식을 치르자마자, G는 형제들에게 이렇게 선언했다.

"모두에게 똑같이 ㅇ천만 원씩 주겠다. 이의 있으면 고소해라."

어머니 봉분 앞에서 선언하며 그것이 어머니의 유언임을 분명히 한 것이다. G 아내의 입가에도 묘한 미소가 흘러나왔다.

협상 테이블은 산산조각 났다. ㅇ천만 원씩이라니 유산의 껌값이다. G는 아내와 함께 총총걸음으로 앞서 내려갔다. 다른 형제자매들은 부부의 뒷모습만 멍하니 바라봤다.

"나쁜 놈, 내 저렇게 나올 줄 알았어. 형수도 매한가지야."

그들은 어머니가 잠든 묘지를 무심히 쏘아보았다.

"이의 있으면 고소해라."

무덤 속 어머니가 말하고 있는 것 같았다. 이 집안, 장남과 다른 형제자매들은 남남이 될 것이 뻔하다.

고놈는 함께 나누어도 부는 함께 나누지 못한다. 부모가 남긴 많은 유산 앞에서는, 유년기에 있었던 형제간의 치열한 경쟁과 욕망이 재등장한다.

이렇게 되면 돈은 피보다도 진하다. 유산을 분배하는 데 있어서는 부모가 공정하게 관리해야 관리가 자녀들이 갈라서지 않는다. 알아서 한다면? 힘센 놈이 더 가져간다.

한 줄 돈 반성문

부모가 남긴 많은 유산 앞에서는, 유년기에 있었던 형제간의 치열한 경쟁과 욕망이 재등장한다.

돈으로 대체한 사랑은
양념 정도면
충분하다

돈으로 사랑을 확인받고 싶은 욕망은 남성들보다 여성들에게 더 강하다. 연인 사이에 뜨거운 사랑이 물오를 때에, 남성은 여성에게 과한 선물을 사 주고 싶어 한다. 한 달 봉급의 절반을 들여 명품 브랜드를 하나 사주면 한순간은 사랑이 무르익는다. 여성은 명품에 들인 남성의 관심에 감동받는다.

남성들은 일단 여성의 마음을 얻었으면 무리하게 투자하지 않는 심리가 있다. 사랑이 식어서가 아니라, 사랑의 선물이 우선순위에서 뒤로 물러났기 때문이다.

그다음부터는 마음으로 사랑하면 된다. 남성들은 그것 또한 잘 안 된다. 그래서 뜨거운 사랑을 나눈 연인이라도 결혼하면 아내가 먼저 사랑을 박탈당하는 기분을 느낀다.

"남자의 마음은 다 그래."

가수 심수봉이 부른 "남자는 배, 여자는 항구"라는 가요가 있다. 남자의 마음은 밖으로 향하고, 여자의 마음은 밖으로 나간 남성을 기다린다는 뜻이다.

아무리 페미니스트들이 반대를 외쳐도, 나는 여성의 정체성은 항구라고 믿는다. 배는 넓은 곳을 항해하고 정복하지만, 그 배를 품어 주는 곳은 항구다. 배는 항구에만 오면 꼼짝없이 정박 당한다. 항구는 항구로 존재하고 배는 배로서 존재하며 서로를 인정해 주고 교환하는 것을 '성숙한 자기애'라고 한다.

여성이 항구를 지킬 수 있는 이유, 지켜야 하는 이유는 항구에는 아이들이 있기 때문이다. 여성은 둘의 창조적 걸작인 아이를 돌보면서 잠시 배를 잊는다. 항구에 아이가 없다면, 항구를 지킬 이유도 배가 들어올 이유도 없어진다.

욜로족은 한 번뿐인 인생을 즐겨야 하니 아이를 가질 필요가 없다고 한다. 아이가 없는 항구는 외롭고 배도 꼭 돌아올 필요를 못 느낀다. 이제 막 대한민국에 신고식을 한 욜로족, 그들은 나이가 들어서도 한 번뿐인 인생을 즐길 수 있을까? 외로울 것 같다.

◆

자기 자신을 위해
돈을 쓰라

◆

'이스털린 역설'이란 경제학 용어가 있다. 이 말은 소득을 일정 수준으로 달성한 후에는 소득이 행복에 거의 영향을 주지 않는다는 뜻이다.

2009년 통계청이 전국 이만 일천여 명을 대상으로 조사한 생활시간조사에 따르면, 가족이나 다른 사람들과 보내는 시간(관계 시간)이 많을수록 행복감이 높았다.

남편이 초임 검사인 S는 검사가 그렇게 바쁜 줄 몰랐다. 거의 매일 밤 열두 시가 다 돼야 귀가하고, 휴일도 없을 정도로 남편은 바쁘다. 그래야 하는 이유를 구차하게 설명하는 남편의 변명은 더 이상 귀에 들어오지 않는다.

그냥 사랑이 식어서 그런 것 같다. 하숙생도 못되는 당신을 기다리느니 차라리 친정에 들어가겠다고 으름장을 내놓으나, 아내의 귀여운 협박 한마디에 마음이 움직일 대한민국의 검사가 아니다. 남자는 배, 여자는 항구다.

S는 둘이 있을 때에 좀 더 즐기자고 출산을 미루다가, 차라리 아이라도 있어야 남편이 조기 퇴근한다며 서둘러 임신했다. 도대체 검사 남편, 아내가 입덧을 하는지, 무엇을 먹고 싶어 하는지, 태아가 얼마나 크고 있는지, 도무지 관심이 없어 보였다.

쉬는 날은 종일 잠만 잔다. 사랑이 식어 아내 얼굴을 보기 싫어서가 아니다. 바쁘고 지쳐 쉬고 싶어서다. 그래야 또 치열한 한 주를 산다. 끈적거리는 사랑을 바라는 여성은 절대 바쁜 남성을 선택하지 말라.

S에게도 사랑의 생존 전략이 필요했다. 그것은 남편이 벌어다 주는 돈을 자신을 위해서 쓰는 거다. 돈이 곧 사랑이 아닌 것은 알지만, 남편의 돈을 쓰고 있는 동안은 돈이 곧 남편의 사랑으로 느껴진다. 공무원 아내가 돈 쓰고 다니는 모습을 보여 주고 싶지 않아 허리끈을 조였다.

그러나 배짱이 생겼다. 내가 공무원인가, 남편이 공무원이지. 남편이 허용하는 액수보다 좀 더 많은 돈을 쓰고 다녔다. 이상하게 사랑으로 허기진 마음이 채워졌다. 돈이 곧 사랑은 아닌데, 돈으로 사랑을 대체할 수도 있었다.

하인즈 코헛의 자기 심리학에서 '사랑받고 싶다'는 마음은 누군가 나를 사랑해 주기를 원하는 것이기에 '자기애'라고 할 수 있다.

일단 결혼만 하면 사랑에 무능해지는 남편의 사랑을 기다리느니 차라리 내가 나를 사랑해 주면 어떨까. 내가 나를 사랑할 수 있어서 타인에게 사랑을 기대하는 마음을 내려놓을 줄 아는 것을 '성숙한 자기애'라고 한다.

사냥터에 나가 사냥하기에 맞게 세팅된 남성에게 과한 사랑을 요구하다가 실망해 투덜거리는 여자의 마음은, 그 순간에 미숙한 자기애로 퇴행하는 것이다.

자기 치유의 방편으로 '자신을 위해서 돈을 쓰라'는 말이 있다. 돈의 효용 가치는 한없이 커 보인다. 그에게 사랑받지 못할 때에 그가 번 돈을 나에게 써 준다면, 그의 사랑을 최소한은 확인하는 게 된다.

버트런드 러셀은 이렇게 말했다.

"돈은 사랑의 형식뿐만 아니라 사랑이 실체도 종종 살 수 있다. 공정하고 바람직하지도 않지만 그럼에도 불구하고 사실이다."

돈 잘 버는 남편의 강압적인 인간성 때문에 이혼을 결심했다가, 그래도 남편의 돈을 넉넉히 쓰고 다닐 수 있으니 남편의 사랑이 아주 떠난 건 아니라고 생각해 이혼을 포기한 여성이 있었다. 그녀는 남편이 아닌 남편의 돈과 결혼했다며 스스로를 위로했으나, 돈으로 메울 수 없는 외로움은 늘 있었다.

돈 없는 진실한 사랑은 오래가지 못하나, 돈 많은 형식적 사랑은 더 오래가는 추세다. 돈으로 대체한 사랑은 잠깐 사용하는 양념 조금이면 족하다.

한 줄 돈 반성문

자기를 위해서 돈을 쓰는 일은 때때로 자기 치유에 효과가 있으나 돈이 당신을 써 버리지 않도록 주의해야 한다.

가족 정치에도
돈이
필요하다

인간은 정치적 동물이다. 경쟁이 시작되는 곳에서는 정치가 불가피하다. 정치의 중심에는 돈이 있다. 가족 관계 안에서도 돈이 개입되면 작은 정치판이 만들어진다. '돈 정치판'은 돈이 목적이 된 정치를 말한다.

M은 부유한 가정에서 태어났다. 예술에 대한 낭만에 한창 취해 있을 때에 역시 그런 취향을 가진 남편을 만나 결혼했다. 알고 보니 남편은 순수성과 낭만을 찾아 배회하는 감상주의자였다. 감상주의자들을 돈에 연연하지 않는다.

남편이 M과 결혼한 이유는 M이 받을 유산과도 관련이 있다. 부부 사이에 돈이 끼어든 것이다. 감상주의자는 인류의 영적 삶에 기여하는 업적을 남기기도 하지만, 성공 못한 감상주의자는 무능한 가장으로 전락한다. M은 돈이 되는 일이면 무엇이든지 하려 했다.

《돈의 심리학》을 쓴 뤼디거 달케는 "돈은 성격을 부패시키는 게 아니라 부패한 성격을 드러내 주는 것"이라 했다.

나는 칠십 평생을 교회 강대상에서 온갖 좋은 말은 다 인용해 가며 설교하다가, 은퇴를 앞둔 시점에서는 관리상 자기 명의로 한 교회 부동산을 자기 것으로 하려고 꼼수를 부리는 목사를 보았다. 돈 앞에서 정화되지 않고 추한 원죄의 실상이 드러난 것이다.

◆

가족 사이에 형성된
돈 정치판

◆

M의 부모는 돈 버는 귀신에게는 빙의됐을 정도이나, 돈 쓰는 귀신은 다 물리쳤다. 자녀들에게도 교육비 이외에는 지독히 인색했다. 심지어 일찍부터 돈 버는 귀신을 불러 들여야 한다며, 대학 다니는 아들들에게 용돈 정도는 벌어 쓰라고 했다.

부모는 가끔 자식 한 명을 선정해서 적지 않은 용돈을 하사하는데, 그 돈을 받는 기준은 얼마나 순종적으로 구는가다. 돈을 미끼로 충성 경쟁을 시킨 것인데, 부모님 입장에서는 자식들에게 돈 버는 귀신을 불러다 주는 일종의 의례 같은 것이었다.

그런 중에도 막내이자 외동딸 M에게만은 특별한 사랑을 베풀었다. M은 부모 주머니를 여는 생존 전략을 마스터했다. 여우 같이 구는 거다. 무뚝뚝한 오빠들은 못하고 M만이 경쟁 무기로 사용할 수 있는 전략이다.

돈 버는 귀신에 빙의된 부모는 이런 방식으로 당신들의 귀신을 자식들에게 물려주려고 했다. 이런 식으로 길들여진 자식들이 부모를 존경할 리 없다. 가족들은 남남처럼 돼 갔다.

그러던 중에 어머니의 치매가 심해져서 요양 병원으로 어머니를 보내 드렸다. 병원으로 옮긴 당일만 자식들 내외가 병원에 찾아와 부산을 떨었지, 이후부터는 아무렇지도 않아 했다. 아들과 며느리는 노인에게 당연히 찾아오는 생로병사 정도로만 받아들였다. 병원비는 어머니 통장에 매달 입금되는 상가 임대료면 충분하다.

M은 좀 달랐다. 헛소리하시는 어머니의 상태를 가슴 아프게 생각해, 위로해 드리려 애썼다. 어머니가 잠깐 제정신으로 돌아온 틈을 타서 치매도 치료만 잘 받으면 완치될 병이라 억지로 위로했다. 오빠들은 그런가 보다 했다.

"저게 받아 간 돈값을 하는 거지."

멀리 사는 M은 아예 서울로 올라와 아버지 시중을 들어 드리고, 어머니가 계신 치매 병원도 거의 매일 가다시피 했다. 주치의에게서 어머니의 의식 상태가 많이 안 좋으시니 매일 오지 않아도 좋다는 말을 듣고는, 치료진이 성의가 없다며 병실에서 소란을 피우기도 했다.

솔직히 말하면 M은 부모님이 약해진 틈을 타서 당장 궁색한, 아이들 교육비라도 받아 내려는 속셈도 있었다. 잘사는 오빠들은 임대료에 욕심은 없었고, 상가 건물은 결국 자기네들에게 돌아올 거라 믿었다. 가족 여섯 명 사이에 작게 돈 정치판이 형성된 것이다.

◆

"부자에게는 자식은 없고
상속인만 있다"

◆

혼자하는 생활에 지치고 외로워진 아버지가 M에게 말했다.

"나도 요양원에 가야겠다. 너는 말고 네 오빠들이 매달 비용 삼백만 원을 일백만 원씩 해서 만들라 해라."

M은 어이없었다.

"아버지, 매월 통장에 입금되는 임대료는 다 뭐에 쓰려고요?"

아버지는 버럭 화를 냈다. 뒷짐 지고 있는 아들들에게 마지막 충성 경쟁을 시키고자 했다.

"이것들이 우리가 살면 얼마나 산다고, 남긴 재산은 다 저희들 몫인데, 부모를 대하는 모습이 성의 없어."

아버지는 돈이면 모든 것을 다스릴 수 있고, 심지어 효자도 만들 수 있다고 믿어 버린 생각이 허구임을 알았다. 돈에 관한 한 자신은 물론 타인들에게도 매우 인색했던 삶에서 허무함을 느낀 것이다.

그래서 지금부터라도 돈을 대하는 자신의 오랜 신념을 다 떨쳐 버리고, 새로운 마음으로 자식들을 대하면 아마도 예상 못한 마음의 선물들을 받을 수 있을 것이다.

그러나 아버지는 회한이 올라오자 변하려 하기보다는, 퇴행해서 이전처럼 자식들에게 충성 경쟁을 불러일으키고 싶었다. 중년 이후부터 변화를 연습하지 않으면 노년에 변하기는 더욱 힘들다.

유대인에게는 이런 격언이 있다.

"많은 것을 가진 부자에게는 자식은 없고 상속인만 있다."

정치적 타협은 하나를 포기하고 다른 것을 취하는 것이다. 어린아이도 그의 손에 쥔 사탕을 빼앗아 동생에게 주려면 다른 보상을 약속해 주어야 한다. 가족들이 다 남남 같은 이유는 손해 보고는 타협할 수 없는 돈 때문이다. 돈 때문인 문제는 돈으로 풀라.

M의 아버지는 매달 들어오는 임대료로 아내의 치료비와 자신의 요양비를 충당해야 한다. 그리고 남는 돈으로 은행만 부자 만들어 줄 것이 아니라, 자식과 손주에게도 선물로 내놓아 그들의 마음을 움직여야 한다.

M은 부모님에 대한 헌신이 돈이 목적이어서가 아니라 마음에서 우러러 나오는 진심임을 오빠들에게 보여 주어라. 아들 셋은 어차피 부모님의 건물은 우리들 거라고 배짱이나 부리지 말고, 일정 기간이라도 정해 놓고 삼백만 원을 만들어 드려 봐라. 그럼 아버지는 예상치 못한 호의에 굳게 닫은 마음의 문은 물론, 돈의 문도 열을 것이다.

돈이 목적이 된 정치판에는 인간의 추악한 욕망이 나뒹군다. 돈을 올바르게 사용하면 정치판이 정화된다. 가족이야말로 따뜻한 정치를 배우는 모토다.

모 정치인은 가난한 어린 시절에 형들보다 차별 대우받았고, 심리적으로 형들을 제치고 승자가 되려는 욕망으로 마침내 최고의 권력자까지 됐다. 그러나 그 자리에서도 성장기의 열등감이 작동해 공직을 사용해 돈을 긁어모았다. '돈 정치'를 한 것이다.

나는 개인적으로 따뜻한 가족 관계를 경험한 사람이, 그리고 돈을 목적으로 하지 않은 삶의 내력이 있는 사람이 정치가, 대통령이 돼야 국민을 위한 정치를 할 수 있다고 믿는다.

한 줄 돈 반성문

개인이 돈을 대하는 관점은 가족 관계나 환경에서 많은 영향을 받는다.

돈도 시간도
많은 사람들이
공허한 까닭

요즘 삼십 대 미만의 부동산 임대업자가 늘고 있다는 뉴스를 우연히 들었다. 그들이야 말로 대표적인 금수저이고, 청년 실업 시대에 청년들이 주로 중장년층이 하던 사업을 해 사회 갈등을 야기하는 측면이 있다고 뉴스에서는 지적했다.

경기도 모 대학에 교수로 있던 Z가 방학 동안 강남의 중년 여성들과 두 달 동안 매주 한 차례 모임을 가진 적이 있었다. 교수는 자기 직업에 자부심이 있었다. 모임에서 은근히 지적으로 과시하면, 남다른 예우를 받을 것이라고 기대했다.

그런 예상은 첫 모임에서부터 깨졌다. 오히려 이 교수가 그녀들의 여유로운 삶을 부러워했을 정도다.

"돈 많은 남자 만나서 그 돈을 펑펑 쓰고 다니는 인생도 괜찮겠

네요."

그녀들의 남편은 대부분 부동산 임대업자다.

"얼마나 좋을까, 하고 싶은 것 다 하고 살 수 있으니…."

학교 일에 집안일에 정신없이 바쁜 교수가 한 번쯤 부러워해 봄 직도 했다. 그러나 두 달간 모임이 끝난 후에는 생각이 바뀌었다.

"돈도 시간도 많은 인생이 항상 좋은 것은 아니다. 많은 돈은 교만을, 많은 시간은 공허를 양산한다."

송충이가 가장 행복할 때는 항상 먹을 수 있는 솔잎에만 집중해 먹고 있을 때다. 또한 솔잎이면 충분하다.

아들러는 이렇게 말했다.

"집중하지 못하는 사람은 없다. 다만 항상 다른 것에 집중하고 있을 뿐이다."

아들러의 심리학에 기초해서 기시미 이치로가 쓴《미움 받을 용기》에 나오는 말이다.

"지금 여기를 진지하게 살아야 하네. 과거에 어떤 일이 있었던지 지금 여기와는 아무 상관이 없고, 미래가 어떻게 되든 간에 지금 여기에서 생각할 문제는 아니지."

◆

돈은 회오리바람처럼
욕구를 빨아들인다

◆

골드미스는 전문 직종에 있으면서 연봉이 높은 미혼 여성을 말한다. 그녀들은 눈이 눈썹 위에 붙어 배우자감을 못 본다고 한다.

반면 골드미스까지는 아니어도 평범한 직종에서 평범한 연봉을 받고 일하는, 나이든 미혼 여성은 더 많다. 이들은 꼬박꼬박 저축해서 모은 목돈을 어느 정도 가지고 있다. 이들 역시 배우자감에 대해 따지는 것이 많아 결혼이 쉽지 않다.

친구들 결혼해서 사는 모습을 보니 다들 돈 걱정하며 산다.

"돈이 힘이다."

그녀들이 오랜 사회생활 중에 얻은 일반적인 생각이다. 물론 모드 다 그렇다는 것은 절대 아님을 밝혀 둔다.

그녀들이 나이 마흔 즈음에 기다렸다는 듯이 따라오는 혼처가 있다.

"돈은 많은데 상처해 아이가 있다. 아이들은 다 대학에 다니고 있으니 양육 스트레스는 없다. 둘만 행복하게 살면 된다."

이 경우 상대 남성은 열 살 이상 연상인 경우가 보통이다.

이런 혼처를 소개받은 S는 마음이 움직였다. 이때를 놓치면 평생 혼자 살 팔자다. 친구들을 보니 신혼의 로망은 석 달도 안 된다. 후로는 원수 같은 돈과 싸우며 산다. 그래서 S가 만난 남자는 대학 다니는 두 딸을 가진, 부동산 임대업자다.

결혼 초에는 정말 좋았다. 돈 쓰는 맛은 소수에게만 주어진 특권이었다. 돈으로 확인받는 남편의 사랑, 여성은 뇌물에 약하다. S는 어린 시절부터 몸에 밴 절약을 나이 마흔이 돼 멋지게 한 번 벗겨 보았다. 삼촌 같은 남편에게 응석부리며 돈 풀이를 했다.

한 3년 지나자 돈은 무감정한 무생물에 불과하다는 느낌이 왔다. 돈은 마치 회오리바람처럼 모든 욕구를 빨아들이는데, 빨아들일수록 채워지는 것이 아니라 공허했다.

신체적으로나 심리적으로나 열기가 식지 않은 사십 대 초반의 S, 남편과의 세대 차이로 인한 정서적 단절로 지루해지기 시작했다. 부부는 최소한의 공통분모는 가지고 있어야 한다고 함께 문화 활동이나 여가 활동을 해 보았다. 그러나 S의 허기는 채워지지 않았다.

◆

돈은 지금 여기에
집중할 만큼이면 충분하다

◆

"나 무엇을 해야 하나?"

S는 생각을 바꿨다.

"무엇을 하느냐가 아니라 내가 하는 일에 집중해 보자."

전에는 아침에 청소기를 돌리면서도 오늘 무엇을 해야 할지로 생각이 복잡했다. 지금은 청소에만 집중하니 청소도 잘 되고 마음도 가볍다.

전에는 아침밥을 먹으면서도 점심 먹을 식당을 찾느라 휴대폰을 뒤적거린 적이 많았다. 지금은 아침밥 먹는 일에만 집중하니 밥

맛도 좋아졌다. 전에는 동네 뒷산을 걸으면서도 여행 계획으로 마음은 딴 데 가 있었던 때가 많았다. 지금은 걷는 일에만 집중했더니 숲속의 나무, 풀, 꽃, 벌레 등 모든 것이 새롭게 보였다. 전에는 세대 차이가 난다는 선입견을 깔고 남편과 대화했다. 지금은 대화 자체에만 집중하니 세대 차이는 부부간의 소통에 문제되지 않았다.

지금 여기서 하는 일에 집중하니, 돈이 행복에 차지하는 비율은 생각보다 적었다. 돈이 많으면 어떻게 써야 하느냐로, 돈이 적으면 어떻게 하느냐로, 사람들은 지금 여기에 집중하지 못한다. 그때에 제일 먼저 찾아오는 것이 돈 걱정이다. 지금 여기에 집중하는 일은 돈이 필요하지 않다.

부잣집 마나님이 자기 회사의 경리를 며느리로 데려오면서 걱정하는 사돈에게 한 말이다.

"있으나 없으나 하루 세 끼 먹는 것은 똑같잖아요."

그 사람이야말로 지금 여기에 집중하는 사람이었다.

탈무드에서는 돈이 모든 것을 좋게 하는 것도 아니고, 그렇다고 나쁘게 하는 것도 아니라 했다. 돈은 어느 정도 있으면 되는가? 지금 여기에 집중하는 데에 방해받지 않을 만큼만 있으면 된다.

한 줄 돈 반성문

현재를 사는 사람의 만족은 누구도 빼앗아 갈 수 없다. 돈 역시 현재에 사용할 최소한이면 충분하고 그 밖의 것은 당신의 마음에 달렸다.

돈으로 불린 몸을 어떻게 다이어트할 것인가

캐나다에서 살다 온 내담자가 한 말이다.

"거기는 명품 핸드백 거의 안 들어요. 어쩌다 중년 여성들이 드는 경우는 있고요. 한국에 와 보니 이십 대 여성들이 명품 핸드백을 어깨에 메고 다니더군요. 자기가 샀겠어요? 부모가 사 줬겠죠."

그 사람은 한국에서 반년을 있다가 다시 캐나다로 갔는데, 한국의 명품 아줌마들하고 어울리다 보니 절대 안 사겠다던 명품 몇 개를 샀다. 로마에서는 로마법을 따라야 하듯이, 한국에서는 한국 문화를 따라야 했기 때문이다.

명품을 향한 욕구는 피그말리온 효과로 설명할 수 있다. 조각가 피그말리온이 스스로 만든 여자 조각상을 너무 사랑해 진짜 여자가 됐다고 한 데서 나온 심리학 용어다. 긍정적으로 기대하면 긍정적인 행동이 나온다는 뜻이다.

명품을 걸치면 명품다운 행동이 나온다는 말인데 그럴 수만 있으면 명품은 제 가치를 하는 것이다. 과연 그럴까? 반면 아들러의 입장에서 보면 명품은 열등 콤플렉스를 보상하려는 것에 불과하다. 실제로 명품을 걸쳤다고 명품다운 태도가 나오겠는가?

◆

돈으로 서서히
몸을 불리다

◆

R는 남편의 사업이 순풍에 돛을 단 듯 잘돼 경기도 중소 도시에서부터 시작해 지금은 꿈의 동네라는 강남 모 동네에 산다.

"이 아파트에 이사 와 보니 엘리베이터 안에서 명품을 두른 부인들이 참 많아요. 처음에는 꼭 저렇게까지 해야 하나, 하고 못 본 척했어요. 그러다 아이들 자모 모임에 나가다 보니, 생각이 달라지는 거 있죠. 그게 이곳 사람들 문화 같아요."

R는 늘 책을 옆에 끼고 다니며 외모 치장은 잘 하지 않는다. 명품이란 게, 다 과시용이다. 일단 명품에 빠지면 더 좋은 명품을 찾는다. 그렇게 하다 보면 몸 하나에 명품으로 치장할 부위는 점점 더 넓어져 명품을 다양하게 소장하게 된다.

심지어 이 지역에 집을 구하러 다니면서 이런 광경을 흔히 봤다고 한다. 방 한 칸을 명품으로 소장한 진풍경, 집주인은 그걸 자랑스럽게 보여 줬다. 그때마다 눈살을 찌푸렸다.

그녀는 그게 다 생각 없는 사람들이나 한다고 했다. 돈은 많고 할 일은 없고, 자기 수양은 싫은 사람들이나 한다고 했다. 그게 다 외국 회사 돈 벌어 주는 일이다. 그 꼴을 자랑스럽게 하고 다닌다며 비위가 상한다고 했다.

R는 아이들 자모 모임에도 나갔다가 서서히 그 문화에 익숙해지기 시작했다. 생각의 변화는 의심스러울 정도로 빨랐다. 대화 주제는 아이들 사교육, 남편 직업, 문화 및 여가 활동, 명품, 음식 등 다양했는데 돈 없이는 그 틈에 낄 수 없었다.

R는 중국집에 가서 짜장면을 먹고도 즐거운 사람인데, 모임을 따라다니다 보니 비싼 음식을 즐기게 됐다. 동네 뒷산을 오르면서도 충분히 운동이 됐는데, 남들 이야기를 들으면 헬스클럽에 등록해 근육질 몸매를 자랑하는 젊은 남성을 헬스 트레이너로 두어야 할 것 같다. 백화점에서 세일할 때에 옷을 사 입어도 충분히 맵시가 났다. 그러나 이제는 신상품이나 명품을 보러 백화점에 기웃거리게 됐다.

처음에는 모든 게 낯설었지만, 그런 문화가 품위 있어 보이고, 즐길 만도 했다. 그녀가 사둔 책들에는 먼지가 쌓이기 시작했다.

◆

돈으로는
공허를 채울 수 없다

◆

사람은 환경의 동물이다. R는 생각 없다고 한 문화에 맛이 들렸다. 그들이라고 생각이 없고, 자기는 생각이 꽉 찬 그런 존재는 아니었다. 그들은 오만해 보여도 속이 공허했고, 즐거워 보이면서도 우울했다. 자신감이 있어 보이나 약했고, 몸에 두른 명품과 값비싼 화장품의 이면에 있는 모습은 남루했다.

R가 자신의 그런 모습을 독서로 극복해 보려 했다면, 그들은 돈을 사용해 극복하려 했다. R는 명품 아줌마들에게 피그말리온 효과를 찾지 못했고, 오히려 연민만 느꼈다.

사람은 환경에 동화된다. R는 성격상 고독이나 우울을 잘 느끼지 않는다. 그런데 이 동네 문화에 빠져들기 시작하면서 혼자 있는 시간이 너무 지루했다. 전에는 그 시간에 책을 읽거나 아이들에게 가르칠 외국어를 공부하거나 간식을 준비했다. 지금은 그런 것들은 다 돈이면 해결된다. R는 편리함에 익숙해졌다. 그런데 편리하면 할수록 마음은 공허해진다.

그러던 어느 날, R는 평소보다 두 배나 늘어난 신용 카드 결제 대금 고지서를 받았다.

"내가 쓰는 돈만큼 내 머릿속에 있는 것들도 빠져나간다."

쓰지 않으려면 외출을 하지 않으면 된다. 외출하지 않으려면 여기저기 걸친 모임들을 정리해야 한다. 그리고 돈이 아닌 다른 무언가로 공허를 채우려고 연습해야 한다. R는 이쯤에서 생활 방식을 바꾸기로 했다.

인간은 영원으로부터 잠시 떨어져 나온 존재다. 떨어져 나오면 떨어져 나온 곳을 그리워한다. 그런데 사람들은 영원성을 채우려 하지 않고, 떨어져 나온 것으로 떨어져 나온 결핍을 채우려 한다. 채워지지 않는 것은 당연하고, 결핍은 더 심해진다.

"부자가 천국에 들어가는 것보다 낙타가 바늘귀로 들어가는 것이 더 쉽다."

성경 말씀을 상기하지 않을 수 없다. 부자에게는 부가 천국이다. 천국이 필요하지 않으니 들어갈 필요도 없다. 체중뿐만 아니라 욕망도 다이어트해야 바늘귀를 통과한다. 노블레스 오블리주는 인류가 오랜 세월을 걸쳐서 검증한, 욕망을 다이어트하는 가장 확실한 방법이다.

한줄 돈 반성문

노블레스 오블리주야말로 인류가 오랜 세월을 걸쳐서 검증한, 돈 욕망을 다이어트하는 방법이다.

:
:
:

3/

평생 돈 걱정 없이
사는 법
_마흔의 돈 관리

돈에 품은 환상은 스스로 이뤄야 한다

: :

돈을 사랑하면 돈줄이 보인다. 돈줄이 보이면 그다음부터는 이삭 줍듯 돈을 줍는 거다. 돈을 사랑하는 사람은 이 일이 숨 쉬는 것 다음으로 쉽지만, 돈을 사랑하지 못하는 사람은 이 일이 숨을 멈추는 것 다음으로 어렵다. 그러나 잘 벌리는 돈에는 반드시 책임도 뒤따른다는 점을 명심해야 한다.

C는 특유의 나긋나긋한 목소리를 낸다. 동안이고 눈웃음치는 모습에 가식이 없다. 상대방의 감정을 배려하는 부드러운 화법과 설득력도 있다. 돈 들어가지 않고 상대방의 마음을 얻는 능력도 있다. 이러한 자기만의 능력이 있으면서도, C에게는 결혼하기 전까지 능력 있는 남성을 만나 꽃단장하고 안락하게 사는 꿈이 있었다.

◆

돈 벌 운명을
타고나다

◆

C는 돈 많은 남자를 만나 사모님으로 살 것이라고 막연히 믿었다. 소개팅이나 중매가 여러 번 있었으나 어떤 남자도 눈에 들어오지 않았다. 돈 많은 남자가 아니었기 때문이다. 부잣집 아들이 '짠' 하고 나타나 장미꽃을 내밀며 무릎 꿇고 청혼하는 일은 상상 속에나 가능했다.

C가 이렇게 현실을 인식할 무렵인 대학교 4학년 때였다. 친구 소개로 여덟 살이나 많은 남성을 만났다. 이 남자, 운동한다는 사람인데 훤칠한 키에 이목구비가 뚜렷하고 첫눈에 여성을 홀릴 미모를 가졌다. 모성 결핍이었던지 8살 연하인 C의 부드럽고 따뜻한 모성에 푹 안겼다.

이렇게 사랑에 빠져 결혼도 한다. 두 눈 똑바로 뜨고 만나는 사람마다 비교 분석하려 들었으면 짝은 지구 반대편에서도 만나기 힘들었을 것이다.

그런데 이 남자, 돈이 많기는커녕 홀어머니 밑에서 자랐고 가난한 몽상가였다. 스포츠 센터에서 매니저로 일하는데, 자신의 미적 감각에 맞는 소규모 스포츠 센터를 여러 개 지역별로 차리는 게 목표다.

사람에 홀리면 그가 말하는 것에도 다 홀린다. 그의 이야기는 믿을 수 없었지만 안 믿기에는 아까웠다. C는 이 남자가 언젠가는 자기 욕망을 이루어 줄 것이라고 막연히 소망했다.

그러나 만남이 길어질수록 서서히 환상은 깨진다. 이를 눈치 챈 남자는 C를 붙들려고 더 넓은 환상 세계로 데리고 갔다. C는 이런 의도를 눈치챘으나 측은지심이 발동해 이 남자에게 마음이 끌리는 마음은 어쩔 수 없었다.

문제는 어머니를 설득하는 일이다. 어머니는 C가 부잣집 아들을 만나 결혼할 거라는 막연한 동경을 철석같이 믿었다. 오랜 믿음이 깨진 어머니는 결심이 선 딸의 마음을 돌이킬 수는 없어 역술가를 찾아갔다.

역술가는 두 사람의 생년월일과 시간을 묻고 두꺼운 노트를 열어 무슨 수학 문제를 풀듯이 열심히 풀어 나갔다. 그리고는 아무렇지도 않은 듯이 말했다.

"당신 딸이 남자 벌어 먹일 팔자예요. 그런데 결혼할 수밖에 없겠어요."

어머니는 그걸 어떻게 피해 갈 방법을 물었으나 역술가는 정색하고 말했다.

"진정한 역술가는 운명을 피해 가는 방법을 가르치지 않아요. 그것은 점쟁이나 하는 짓이요. 운명을 알았으니 받아들이고, 그 운명 안에서 최선을 다하고 행복해질 방법을 찾는 것이 역술이요."

인생 전체를 놓고 볼 때에 좋은 운명과 나쁜 운명이 따로 있는 것은 아니다. 운명을 있는 그대로 받아들여 잘 착용하고 다니면 모든 운명이 다 좋다.

"그래도 내 딸이 운동한다고 허우대만 멀쩡한 저 녀석을 먹여 살려야 하다니…"

결혼하는 전날 밤에, 어머니는 울면서 다시 말했다.

"너, 지금이라도 늦지 않았다. 포기하면 안 될까. 망신살 뻗는 것은 잠깐이나 불행은 오랜 시간이야."

C도 울었다. 결혼식 날 입장할 때에 C는 눈물을 감추려고 혼났다. 어머니는 손수건을 꺼내 눈물을 연신 훔쳤다. 신랑은 양 볼에 웃음을 가득 머금고 입장했다.

◆

스스로 이뤄 낸
돈 환상

◆

결혼 초에 남편은 스포츠 센터 매니저 일을 열심히 했다. 그러나 엉뚱한 상상력이 있던 그는 스포츠 센터에 묶여 있지 않았다.

남편은 아이디어를 찾는다고 밖으로 돌더니만, 이번에는 자기 고유의 해석이 있는 여행 가이드가 되겠다고 C를 불안하게 했다. 그러다가 풍수지리에 꽂혀 그거 배우러 다닌다고 전국을 싸돌아다녔다. 그리고 집에 들어와서는 아무 일도 없었다는 듯이 자상한 남편과 아이들의 아빠가 돼 주었다.

"사람은 좋은데 역마살이 끼었어. 역마살도 타고난다."

C는 역술가가 한 말을 떠올리며 거친 비즈니스 전선으로 나가야 했다.

그런데 참 이상한 일이다. 자신감이 생겼다. 그때 어머니의 말이 떠올랐다.

"넌 남자 벌어 먹일 팔자래."

그 말은 C에게 돈 버는 능력이 있다는 것이다. 1997년 11월 IMF 외환 위기 이후에 맞벌이 부부가 늘어나면서 어린이집도 함께 늘어났다.

C는 이 일에 뛰어들기 시작하면서 보험 설계업, 자동차 판매업, 요식업 등 상냥한 말솜씨의 덕을 볼 수 있는 일을 했다. 돈을 적지 않게 벌면서 자기에게 사업가 기질이 있다는 것을 깨달았다.

"돈줄이 보였어요. 줍기만 하면 되는 거죠."

남편의 역마살은 쉰이 넘어도 진행 중이다. 아내를 믿으니 아예 역마를 자기 직업으로 삼은 듯하다.

젊었을 때는 이혼도 생각했다. 만일 C가 이혼했다면, 그것은 남편만이 아니라 자신의 인생도 버린 것이나 다름없다. 또한 아이들에게는 자상한 아빠가 사라진다. 남편은 아내에게 손 내밀어 얻어 먹을 사주였다고 한다.

"사주학은 지금까지 인류 사회가 창출해 낸 운명 풀이 체계에서 가장 객관적이면서도 적중률이 뛰어난 학문이라는 점을 부인할 수 없다. 그러나 사주 자체가 당사자의 운명을 100퍼센트 풀이할 수 있는 것은 결코 아니다. 비록 인간 운명의 기본 틀은 정해져 있다 해도 구체적 양태는 환경과 인간 의지에 따라 상당히 다르게 나타난다는 변수가 있기 때문이다. 같은 사주를 가진 사람들이라고 해도 서로 다른 조건과 환경에서 살아간다는 점이 바로 그런 예다."

사주 명리학을 가르치는 사람들이 말하는 사주에 접하는 태도다.

"이렇게 사는 생도 있는 거야. 나쁘지 않아. 나 아니면 저 남자 노숙자가 됐을걸."

C는 어릴 적에 가진 '돈 환상'을 스스로 이루어 냈다.

한줄 돈 반성문

당신이 돈 버는 능력을 타고났다면, 당신 주변에는 돌봐주어야 할 사람이 반드시 있음을 명심하라.

가족의 돈 요구에
온도 차이를
두라

오늘도 L은 어머니의 전화를 받았다.

"나 친구들하고 가을 단풍놀이 간다. 점심은 각자 음식을 준비해 온다고 하는데, 나는 그냥 돌아오는 길에 저녁이나 사려고 한다."

L은 짜증냈다.

"그래서요?"

어머니는 점점 작아지는 목소리로 말했다.

"그렇다는 거지."

전화를 끊은 L은 기분이 상했다. 엄마는 돈이 필요하면 꼭 이런 식으로 친한 척한다. 그럴 때마다 짜증 난다. 결론은 돈 해 달라는 것이다. 전화를 끊으면서 "이번에는 안 해 드릴 거야." 하고 다짐한다. 하지만 한 시간도 못 돼 미안한 생각이 들어 다시 전화한다.

"엄마, 얼마가 필요해요?"

엄마가 내 엄마가 아니라, 내가 엄마의 엄마 같다.

◆

노인의 돈 요구,
심리적 퇴행에서 비롯되다

◆

"난 왜 엄마의 엄마가 돼야 할까?"

내가 클 때까지 엄마는 나를 위해서 무엇을 해 주셨나? 많이 해주셨지. 핏덩이였던 내가 성인이 돼 결혼까지 했잖아. 그렇긴 한데, 그건 어떤 엄마든 다 해 준다.

나는 왜 엄마를 돌봐야 할까? 힘들었던 생각만 난다. 엄마는 아빠와 갈등이 생기면 화풀이를 내게 하셨다. 그게 어린 딸을 얼마나 불안하게 하는지를 아셨을까? L는 사춘기 내내 엄마에게 반항 한번 제대로 못하고 엄마의 신세타령을 들어야 했다.

사위의 직업이 불안정하다고 그렇게 결혼을 반대하더니, 사위가 큰돈을 벌자 엄마는 갑자기 우리 사이를 친한 모녀 사이로 둔갑시켰다. 그때는 하지 않던 다정한 목소리, 다정한 눈빛으로 말을 걸어온다. 그때 그렇게 해 주셨다면, 지금도 난데없이 나타났다 사라지는 원인 모를 불안은 없었을 거다.

엄마는 아빠에게 하고 싶던 말씀을 딸 들으라고 하셨다.

"돈 버는 능력이 없으면 인간성이라도 좋아야지…."

L은 어머니를 동정하며 살았는데, 이 동정심 때문에 지금도 어머니에게 휘둘리고 있다. L에게 냉정함이 필요할 때다. 어머니의 욕망을 채우는 일은 신용 불량자에게 돈 대 주기다. 대 줘도 대 줘도 필요한 곳이 계속 생긴다. 적은 돈에서부터 많은 돈까지, 심지어 엄마의 친척까지 꼭 도와야 한다는 이유를 달아 돈을 요구했다.

어머니는 L이 어릴 때 신세타령을 했듯이, 이제 돈 타령을 하고 있다. 자신의 어머리를 일찍 여의었는데 그 결핍을 딸에게도 보상받으려는 거다.

"내가 외할머니의 환생이라도 된단 말인가?"

노인의 심리적 퇴행은 자식을 부모처럼 보아 돈을 요구하는 행위로 나타나기도 한다. 냉정히 적당한 거리를 유지해야 한다.

◆

따뜻할 때와 냉정할 때를 구분하라

◆

가정의 달을 맞이해 가족 여행을 떠난 L은 엄마에게 온 전화를 받았다. L은 깜짝 놀라 우물쭈물했다. 하면 안 되는 일을 하다 들켜 버린 기분이다. 돌이켜 보면 어린 시절에 이런 적이 참 많았다. 어머니는 딸이 전화받는 목소리에서 이미 수상한 낌새를 알아차리고 야단치듯 말했다.

"너 어디야? 집 아니지?"

어머니 입가에는 범인을 체포한 수사관처럼 미소가 흐르고 있었을 거다. 그 순간 모든 합리적인 생각은 사라지고 L은 죄인이 된다.

"사실대로 말해. 너 누구랑 있어?"

L은 기분 나빴다. 누구랑 있다니, 엄마가 왜 참견이야. 그러나 죄 짓다 들켜 버린 아이마냥 더듬거리며 겨우 말했다.

"아니요… 엄마… 요즘 사춘기 빠르잖아요. 아이들 짜증이 심해 가족 분위기 환기 좀 시키려고 나왔어요."

별 이야기 없이 통화는 끝났다. 그리고 어머니는 손주에게 메시지를 메시지를 보냈다.

"너희들은 참 좋겠다. 돈 많은 부모님을 두어 마음껏 여행을 다니니. 할머니도 가고 싶다."

어떻게 손주들에게 그런 메시지를 보낸단 말인가? 추하게 나이 들면 어린이로 퇴행한다는데, 이를 두고 하는 말인가. L은 여행할 기분이 확 잡쳤다.

"다시는 엄마의 전술에 말려들지 않을 거야."

여행을 마치고 집으로 돌아오면 단단히 먹은 마음도 다시 느슨해진다. 어머니는 여기까지 다 파악해 놓았다. 여지없이 어머니에게 전화가 온다. 받기 싫다. 양심이 찔려 "어서 받아."라고 말한다.

L은 얼른 받는다. 어머니는 항상 똑같이 말한다.

"왜 전화를 이리 늦게 받는 거야."

L은 이미 한 수 밀려서 어머니와 대화해야 한다. 어머니는 돈이 꼭 필요한 이유를 은근히 내비쳐 딸의 마음을 또 움직인다. 딸의 마음을 여는 마스터키를 가지고 있다. 정기적으로 보내드리는 용돈도 적지 않다.

"도대체 엄마의 돈 욕구는 정상적인가? 그것을 피하지 못하는 나는 또 어떻고?"

엄마의 퇴행이 맞다. 엄마는 딸의 돈을 일찍 세상을 떠나신 외할머니의 젖가슴쯤으로 생각한다. 노인성 퇴행이다. 유아는 모유에서 이유식으로, 그리고 딱딱한 밥을 먹으며 건강해지고, 엄마와 유아적 융합에서 분리를 해낸다. 이 과정에서 아동의 좌절은 불가피하다. 그렇게 해서 아동은 유치원에 가고 엄마도 자기 일을 한다.

L은 어머니에게 역으로 이것을 실천해야 한다. 어머니가 요구하는 돈에 한계를 정해 어머니에게 스스로 생각할 기회를 줘야 한다.

"전에는 이 전략이 통했는데, 이번에는 안 통하네."

이런 실패 경험이 되풀이되면서 어머니는 좌절하고 좌절이 모여 딸의 돈이 내 돈이 아님을 깨닫게 될 거다. 냉정할 때는 냉정해지고 따뜻할 때는 따뜻해지는 게 모든 관계를 지키는 유일한 전략이다.

한 줄 돈 반성문

자식에게 지나친 돈을 요구하는 부모와는 적당한 한계를 그어야 자식도 살고 부모도 산다.

돈 버는 능력은 타고난 것과 성장 환경의 합산이다

프로이트는 부모가 가르쳐 주지 않는 것을 자녀가 배우는 정신 과정을 참 신기하게 여겨, 무의식 심리학을 발전시켰다. 무의식 심리학에 의하면, 최고의 자녀 교육은 말로 하는 것이 아니라 집안에 흐르는 고유한 분위기로 하는 거다. 개인의 돈을 대하는 관점은 환경에 많이 영향받는다.

M의 아버지는 '청정' 공무원이었다. M의 어머니는 돈 걱정할 일이 생길 때마다 혼잣말로 중얼거렸으나 오 남매가 들으라고 한 말이다.

"돈이 양반이다. 돈이 있어야 사람대접도 받는 세상이다."

아버지는 그 말을 듣는 둥 마는 둥 늘 책을 옆에 끼고 사셨다.

그래서 그럴까. 아버지와 성격이 비슷한 M은 돈 벌어 부자가 돼 보겠다고 생각해 본 적이 거의 없다. 반면 선비가 되고 싶어, 책을 늘 옆에 끼고 살았다. 어머니의 말은 안 듣고 아버지의 행위에서 배운 것이다.

◆

돈의 가치를
성향 아래 두는 삶

◆

M은 고등학교 다닐 때에 대형 서점 아이쇼핑을 즐겼다. 용돈이 궁해 구입하지는 못했지만, 서점 한 귀퉁이에서 이 책 저 책 머리말이라도 읽어 보면 이상하게 마음이 평안했다.

M은 인생의 포부를 키워야 할 나이에 자기만의 상상 속에 많이 갇혀 있었다. M은 인생의 거창한 청사진을 설명하는 친구를 이상하게 보고 물었다.

"그러면? 너는 거기서 만족할 수 있겠어?"

친구는 되물었다.

"그러면? 너는 무엇으로 만족하겠니?"

M은 주저했다. 그 친구는 악착같이 벌어 지금은 많은 재산을 모았다. 지금도 경제적으로 궁색한 M은 가끔 그 친구를 부러워하지만, 진심으로 자기 삶에 만족한다.

그렇게 형이상학적 낭만을 즐길 즈음에 M의 아버지가 돌아가셨다. 아버지의 부재는 현실 위기로 다가왔다.

M은 정신이 바짝 들었다. 처음으로 장남으로서 책임감을 느낀 것이다. 그러나 현실과 동떨어진 생각에 오랫동안 잠겨 있던 M은 어떻게 할 바를 몰랐다.

아버지에게는 오랜 세월 함께하며 서로 도움을 주고받은 죽마고우가 한 사람 있었다. 그 사람은 자수성가했는데, 그 과정에서 아버지에게 도움을 꽤 많이 받았다. 아버지에게 진 부채를 갚기 위해서였던지, M을 자신이 운영하는 제조 회사로 데리고 갔다.

"육이오 때에, 아저씨는 빈손으로 월남했다. 책을 좋아한 너희 아버지는 공무원으로 진출했고, 나는 사업을 선택했다. 먹고살기 힘든 세상에 조만간 경제 개발 붐이 불 거라 보았고, 내 예상은 빗나가지 않았다. 너에게 사업을 가르쳐 주마. 사업은 자금이 많다고 잘하는 것은 아니다. 근성과 열정이 있으면 된다. 나는 너에게 그것을 가르쳐 주고 싶다. 딴생각하지 말고 나와 함께 일하자."

아버지의 친구는 M을 데려다가 일을 시키면서, 시간이 있을 때마다 회사의 창립 과정부터 지금까지 성장한 역사를 길게 설명해 주었다. 현장 경영학을 가르치려 한 것이다.

그런데 M는 생생히 살아 있는 말씀이 거의 귀에 들어오지 않았다. 오히려 시간이 날 때마다 시집이나 암기하고 있었고, 아버지의 친구는 그런 감상에 젖으면 사내로서 살지 못한다고 따끔하게 일침을 놓곤 했다.

M이 그 회사에서 한 2년 일하는 사이에 경제 호황을 타서 회사

는 거의 두 배 정도로 성장했다. 그러나 M은 사업에 성공해 부자 되는 일이 자신의 적성과는 도무지 맞지 않다는 생각에 이르러 대학 입시를 핑계로 사직하겠다고 의사를 밝혔다. 사장은 M을 불러 아쉬운 듯이 물었다.

"너희 아버지를 생각해서라도 너를 돕고 싶었다. 네가 사업가의 자질을 타고 나지는 않았지만, 그것은 학습으로 얼마든지 가능한 거다. 여기서 나가면 너는 뭐할 거니?"

M은 자신 있게 말했다.

"교사가 될 겁니다."

"교사?"

아버지의 친구는 남자가 교사 해 가지고 밥이나 제대로 먹고 살 수 있을까, 말씀하고 싶었던 것 같다. 그러나 M의 의지가 너무 강해 격려 말씀을 했다.

"그래, 너도 아버지를 닮아 선비 기질이 있구나. 사업은 장사치 기질이 있어야 한다. 결단은 빠를수록 좋다."

아들은 아버지의 어떤 측면을 이상화하며 포부를 키워 나간다. 하인즈 코헛은 그런 아버지의 기능을 이상화 대상이라 했다. 그리고 어른이 돼 아버지를 탈이상화하면 스스로 주인이 되는 삶을 창조한다.

내가 원하고 즐겁게 할 수 있는 일이 무엇인지를 알려면, 환경에서 형성된 자신의 성향을 잘 파악하라. 그리고 돈의 가치는 그것 밑에 두어야 한다.

돈의 유혹을 포기하고
자기답게 살다

◆

지금, M은 공립 학교 교사로 재직 중이다. 방학이면 전국을 돌아다니며 커다란 카메라로 자연을 담아 온다. 사진 기술이 프로급이고, 소소하게 작품 전시회도 몇 번 했다.

M은 교사야말로 가장 자기답게 살 수 있는 직업이라고 생각한다. 나답게 살기 위한 직업을 선택한 M, 그의 성장 환경은 그에게 가장 훌륭한 진로 상담사가 돼 준 셈이다. 돈의 유혹을 포기하고 얻은 용기의 결실이었다.

M은 경제적 압박이 몰려올 때 가끔 회상한다.

"만일 아버지 친구의 말씀이 귀에 들어와 내 욕망도 움직였다면, 나도 지금쯤은 부자가 돼 있을 텐데…, 그러면 나는 그런 삶에 만족해할까?"

M은 고개를 좌우로 흔들며 자신을 위로했다.

"아니야. 나는 나대로의 삶이 있는 거야. 지금 삶이 나에게 가장 맞는 삶이야."

돈을 잘 벌 능력과 잘 벌고자 하는 욕망이 있다, 그래서 돈을 많이 벌었다, 그것도 자기로서의 인생이다. 인간의 성향은 타고난 것과 생애 초기 성장 환경의 합산이다. 그러나 생애 초기 성장 환경은, 아이 입장에서 주어진 것이기에 타고난 것이나 다름없다. 정신 분석 심리 치료사인 내 경험에 의하면, 성장 환경은 타고난 것을 강화시키려고 태어나기 전에 이미 각자가 선택한 것 같다. 정신 분석의 목적은 단순하다.

"당신 몸에 붙은 타인의 삶은 다 뜯어내고 자기 삶을 살아라."

수학 교사 경력을 인정받아 서울의 대형 입시 학원에서 러브콜을 받은 적이 있고, 고액 과외를 제의받기도 했다. 돈 유혹을 뿌리치기는 정말 힘든 일이다.

그럴 때마다 M은 나답게 사는 것이 무엇인가를 고민해 거절했다. 돈이 부족해 힘들고 불편한 때도 많다. 그럴 때마다 M은 다른 즐거운 일을 찾아 자족하며 돈 걱정을 덜어 냈다.

돈 버는 능력은 타고나는 것처럼, 그 밖에 다른 인생의 의미가 가치를 벌어들이는 능력도 타고난다. 당신이 벌어들일 수 있는 것을 벌어들여라. 당신의 행복은 당신이 벌어들일 수 없는 것을 포기하는 용기에서 나온다.

한 줄 돈 반성문

진정한 자아실현은 돈에 구애받지 않으니 각자의 경제적 조건에서 할 수 있는 것의 가치를 재발견하라.

돈은
친구다

⋮

B는 세무 사무소에서 사환으로부터 시작해 지금은 사무장으로 일하고, 곧 퇴임해야 한다. 지금까지 늘 박봉이다. 거기에 맞춰 자식은 하나만 두었다. 조금은 무리하게도 낸다는 집안 경조사비도 항상 자기 형편에 맞게 했다. 친구들끼리 밥을 먹어도 선뜻 사겠다고 한 적이 거의 없다. 그렇다고 빈대는 아니다.

인색해서가 아니다. 돈은 자신의 분수에 맞게 지출해야 한다는 원칙 때문이다. B의 말이다.

"돈은 목적에 이르는 다리야. 다리는 나무다리, 돌다리, 최신형 콘크리트 다리 등 다양하지. 인생은 한가하게 다리에나 머물러 있을 수는 없어. 다리는 건너기만 하면 돼."

◆

"돈이 지위를 결정하지만
품격을 결정하지는 않는다"

◆

낙천주의자 B는 어느 다리에 있던지 문제되지 않는다고 한다. 다리는 건너고 나면 더 이상 필요하지 않으니까. 그는 철학자들이 심각하게 어려운 용어를 써 가며 말하는 '현재를 즐길 줄 아는 사람'이다.

이런 B에게도 약점은 있다. 그는 돈 혹은 사회적 신분에서 열등감을 받을 만한 곳은 피한다. 도전이 필요한 곳을 피해 다니니, 삶이 진화하지 않는다는 핀잔을 아내에게 수없이 들었다. 그럴 때마다 화 한번 내지 않고 허허 웃는다.

"피하는 게 아니라 내 밥을 찾아가는 거야. 사람마다 다 자기 밥이 있는 법이야."

B는 돈에 초연한 세속의 구루로 살기로 작정하고 온 사람 같다.

"행복한 사람은 현재가 즐겁고, 불행한 사람은 미래가 즐겁다."

그렇다고 그가 돈이 만능인 자본주의 사회에서 돈을 초월한 초인은 아니다. 그는 자신의 경제 상황이 더 이상 향상될 수 없다고 깨달았을 때에 자신을 위해 '격려사'를 하나 만들었다.

"돈은 지위를 결정하나, 품격을 결정하지는 않는다."

지위는 사회가 그에게 부여하는 것이라면, 품격은 내가 나에게 부여하는 거다. 사람은 나이를 먹을수록 지위는 없어지고 품격은 남는다. 지위는 하루아침에 만들어지기도 하나, 품격은 그가 평생 살아온 모습 그대로다. 품격을 선택한 B, 환경도 거기에 적합하게 만들어진다.

고등학교 3학년 때였다. 대학을 다니던 작은형이 우울증으로 자살했다. 이 여파는 매우 컸다. 어머니는 죄책감으로 우울증에 걸렸고, 군대에서 막 전역한 큰형은 고시의 꿈을 버리고 방황했다. 설상가상으로 아버지의 영세 사업은 부도나서 소위 달동네라는 곳으로 이사했다. 이런 일들은 기다리고 있던 순번처럼 나타났다.

아버지는 B에게 그래도 너는 대학에 꼭 가라고 권유했으나, 워낙 심성이 착한 B는 이 상황에 대학에 들어가는 것은 너무 이기적이라고 생각했다. 대학 가야 공부에 전념하기 힘들고, 학문에 욕심도 없어 대학을 포기했다. 남산 도서관으로 출근해서 하루 종일 책만 보다 나왔다.

B는 불행의 원인이 돈임을 깨달았다. 영세 사업에 시달려 온 부모는 늘 돈 압박을 받았다. 공부를 잘한 작은형은 의대에 가서 집안을 일으키라는 아버지 말씀을 이루어 드리지 못한 죄책감이 있었다. 큰형이 고시를 보려던 것도 신분 상승을 하려던 게 주된 목적이었다.

"사람들은 돈과 전투하며 산다. 나는 돈과 친구 되는 법을 배울 거다."

그가 남산 도서관에서 책을 읽으며 메모한 내용이다. 친구는 꼭 필요하지만 그 누구도 친구를 목적으로 인생을 살지는 않는다. 돈은 꼭 필요하지만, 돈을 목적으로 살 수는 없다.

◆

"돈은
친구다"

◆

혼자 씨름하며 해낸 인생 공부는 지식이 아니라 실천력이 있는 지혜다. 지식은 머리를 크게 하고 지혜는 가슴을 뜨겁게 한다. 행복은 머리가 아니라 가슴이다.

B는 어렵지 않게 세무 사무소에 사환 자리를 얻었다. 쥐꼬리 봉급이었으나 생각하기 따라서는 쥐 몸통이나 머리도 될 수 있다고 믿었다. 그는 도서관 책상에서 메모한 지혜를 몸으로 부딪치면서 실천하는 수도승이 되기로 했다. 그러면서 특유의 낙천성을 가지게 됐다.

혈기 왕성한 이삼십 대에는 돈 때문에 드는 열등감도 있었다. 그럴 때마다 자기를 타일렀다.

"돈은 내 친구다."

친구를 옆에 두고 친구를 걱정하는 것은 어리석다. 친구는 친구대로 삶이 있어 절대로 내 마음대로 조종할 수 없다. 친구와 사이좋게 지내는 법은 친구가 사는 방식을 그대로 인정해 줘야 한다. 돈 역시 그러하니 돈의 흐름을 인정하고 수용하라. 돈의 최종 방향키는 당신에게 있지 않다. 돈은 생각보다 안 모이기도 하고, 잘 모이기도 한다. 두 경우 다 친구로 삼으면 된다.

친구 따라 강남 가면 낭패를 본다는 사실도 주의하라. 미국의 사회 심리학자 솔로몬 애시는 실험 참가자 일곱 명을 원탁에 둘러앉게 해 실험한 결과, 친구의 잘못된 판단에 동조할 확률이 37퍼센트라고 했다. 원치 않게 범죄자도 된다고 했다.

보통 사람의 경우 돈은 친구보다 더 세다. 그러니 돈의 유혹에 동조하지 말라. 돈은 당신을 범죄자로 만들고도 남는다. 특히 권력을 가진 사람들이 돈의 유혹에 동조할 경우, 권력이 바뀌면 그는 교도소로 갈 확률이 높다.

퇴직을 앞둔 B가 일감이 줄어들어 봉급도 줄었다는 말을 듣고 친구들이 걱정해 주자 한 말이다.

"출근해서 일당 받으면서 쉬고 있으니 감사하지."

그는 줄어든 봉급마저 즐길 수 있는 현재의 사람이다. 아들은 대학 전공이 마음에 안 든다며 휴학과 복학을 몇 번이나 반복하고 있다. 그러나 자기가 그랬듯이 아들도 때가 되면 아들의 삶을 살 것이고, 길은 그렇게 열릴 것이라 믿고 있다.

이런 B를 보면 단어 하나가 연상된다. '필연'. 일체가 필연이라고 믿는 사람은 존재가 가볍다.

스피노자는 모든 것이 필연이고, 우연은 아무것도 없다고 했다. 퇴직을 앞둔 사람의 우울증은 필연을 두려워하거나 거부하려기에 생긴다. 과거는 필연이었으니 과거를 후회하지 말라. 미래도 필연만 다가오니 걱정하지 말라. '현재의 삶'에 충실한 사람을 우울증에 걸릴 겨를이 없다. 사람의 일은 현재뿐이다.

현재를 사는 데에 돈은 다리에 불과하다. 콘크리트 다리를 고급 승용차를 타고 건너면 빨리는 건너도 주변 경치는 다 놓친다. 목조 다리를 아슬아슬하게 건너야 스릴이 있고 운치도 있다.

돈으로 호사를 누리려 하지 말라. 생각보다 돈은 그 역할을 못한다. 내가 건너고 나면 썩어 강물에 빠질 목조 다리쯤으로 생각하라.

한 줄 돈 반성문

돈은 절대 버릴 수 없는 친구와 같다. 친구가 그러듯이 돈 또한 항상 나를 따르지 않을 권리가 있다는 점을 명심하면 돈 걱정은 절반으로 줄어든다.

뜻이 있는 곳에
돈도
있다

:

1970~80년대에 한국 교회가 부흥의 절정을 맞고 있을 때에, 한 대학교에서 선호하는 남편의 직업을 조사했다. 내 기억으로 목사가 1순위나 2순위였던 적이 있다.

왜 목사가 높은 점수를 얻었을까? 목사가 가지는 영적 권위나, 목사 부인으로 일생을 교회에 헌신하며 살기 원해서가 아닐 것이다. 좋은 집에서, 좋은 승용차 굴리고, 연봉도 많이 받고, 거기다가 교인들에게 하나님 다음으로 대접받으니 매력적일 수밖에 없다. 일부 목사의 부와 명예가 부러웠던 것이다.

신비로 가려 있던 목사의 사생활 영역이 사회에 노출되면서 목사는 인기 없는 직업이 돼 버렸다. 최근 조사한 미혼 여성의 배우자 직업 만족도를 보면, 목사는 순위에 나와 있지도 않다.

2016년 한국고용정보원이 국내 621개 직업 종사자 1만 9,127명을 대상으로 직업 만족도를 조사했다. 판사, 도선사, 목사 순이었다. 목사가 결혼 상대자로는 혹평을 받았지만, 직업 만족도로는 3위에 올랐다. 조사 방법의 한계 때문이었을 거다.

목사는 비록 그 직이 만족스럽지 않아도 자신의 신분이 신으로부터 나왔다고 믿고, 설문에도 그렇게 응했을 가능성이 크다. 내가 출강하는 대학의 신학과 학생들에게 물었더니 절반 이상이 목회를 안 하려 한다. 이유는 목사로는 더 이상 먹고살기 힘들어서다. 교회가 증가해 목회자 중 70~80퍼센트는 최저 생계비도 받지 못해 다른 직업을 겸직해야 할 정도다.

◆

돈에 가로막힌 꿈

◆

T는 거의 십 년을 군목으로 보냈다. 그런데 목사 같지 않다는 말을 자주 들었다. 이유는 본인도 잘 안다.

"목사의 페르소나가 나에게 어색해요."

왜 어색한가? 그는 고등학교를 막 졸업한 어린 나이에 하나님을 위해 일생을 헌신하겠다는 의지로 신학 대학에 들어왔다. 그러나 교회에서 실습하면서 교회는 신만 아니라 자체 원리가 있다는 것을 알았다. T의 순수한 동기는 빛바랬다.

"내가 대한민국 교회에서 할 수 있는 일이 무엇인가?"

그는 군목으로 재직하던 중에 유대계 종교학자 하비 콕스의 《세속도시》를 비롯한 그 밖의 다른 저서를 읽고 깨달은 바가 컸다.

"교회와 사회를 이어 주는 컨설팅을 하는 거다."

그러면 교회는 사회로 발을 넓힐 것이고, 사회는 교회의 거룩함에 선한 영향을 받을 것이다. T는 양자의 교량 역할을 하기 위해 학문적 작업을 하려고 전역 후 무작정 미국 유학을 떠났다. 그러나 돈의 벽에 막혀 결국 학업을 중도에 포기하고 귀국했다.

한국에 와 보니 T의 꿈은 말만 거창했다. 당장 먹고살 일이 걱정이다. 그래서 공사판에서 잡일하면서 심야 대리운전도 했다. 미국 유학 생활에서 진 부채를 갚으려고 보험 판매도 했다. 다시 도미해 남은 공부를 하고 싶었지만 문제는 돈이다. 돈 없이 꿈만 꾸는 일은 신도 원하지 않던 바가 아닐까?

처자식을 먹여 살리는 일은 교회와 사회를 이어 주는 일보다 우선이다. 일 년 동안 돈이 되는 일을 닥치는 대로 하다 보니 몸이 지쳐 교회 생각이 났다. 교회에서는 몸 쓰는 일은 하지 않는다. 최소한의 생계는 유지되고, 공동체 내에서 권위도 인정받는다.

T는 자신의 이상적 꿈을 접고 어느 교회에 부담임 목사로 들어갔다. 아는 사람은 알겠지만, 교회에서 담임 목사와 부담임 목사는 '부' 자 하나의 차이가 아니다. 심하면 주종 관계가 된다.

부목사 스케줄은 새벽부터 밤늦도록 정신없이 바쁘게 돌아간다.

T는 교회에 잘 맞는 사람이 돼 생존하려고 몸부림쳤다. 솔직히 고백하면 사명이 아니라, 먹고살기 위해 한다. 진실로 겨우 먹고살기 위해 성직을 한다. 그렇게 한 2년을 보내니, 접어 두었던 꿈이 다시 꿈틀댔다.

아내를 비롯한 가족들, 그리고 지인들은 T에게 돈키호테의 꿈은 접고 지금처럼 평범한 목사가 되라고 했다. 교회도 성장을 원한다. 성장은 돈, 곧 재정을 확보하면 된다. 대형 교회를 일으킨 목회자는 성도들의 돈주머니를 여는 일에 귀재다. T는 교회의 이런 자본주의적 정신이 싫었던 거다.

T의 방황 아닌 방황을 보고 선배 목사가 한 말이다.

"내가 삼십 년 목회하면서 깨달은 바다. 교회를 개혁하려 하지 마라. 그러면 교회가 너를 멀리한다."

진실은 아니지만 사실이다.

"목사님은 편한 이웃집 아저씨 같아요. 왜, 키다리 아저씨 있잖아요. 아이들과 놀아 주는 마음씨 좋은 키다리 아저씨."

교인들이 T에게 하는 말이다. 그의 몸은 교회에 있었지만, 그의 마음은 교회 밖에서 교회와 사회를 이어 도움을 주고받게 하는 편안한 아저씨가 돼 가고 있었다.

비록 그 꿈이 교회나 사회나 둘 다 관심 없어 하는 꿈일지라도, 그에게는 반드시 가야 할 개성화individuation의 길이다.

카를 융은 자기Self에게는 초월적인 능력이 있고, 자기의 안내를 받는 사람만이 자기로서 살 수 있다고 했다. 또한 자기는 현실 문제도 푼다고 시사했다.

◆

돈은 뜻이 있는 곳으로
따라온다

◆

나는 나이 마흔이 넘어 심리학을 공부한다며 원주에서 서울로 일주일에 두 번씩 다녔다. 목회자인 내가 이 나이에 심리학에 빠져서 무엇을 건질 수 있을지 회의감이 있었다. 사려 깊은 친구 목사들도 나를 걱정해 주었다. 나보다 먼저 이 길을 갔다가 돌아온 선배 목사도 이렇게 충고해 주었다.

"취미로만 하세요. 심리학 공부는 돈만 많이 들어가고, 우리처럼 후발 주자들은 끼어들 자리도 없어요."

그 말은 사실이었지만 그 말이 귀에 안 들어왔다.

당시 개척 교회를 하고 있는 나에게 발등의 불은 항상 돈이었다. 돈 나올 구멍은 뻔했다. 미래는 캄캄했다. 나는 그 어두운 밤을 정신 분석학에 매료돼 어두운지 모르고 달려왔다. 뜻밖의 도움을 주는 손길은 항상 준비돼 있었다. 그때 깨달은 바다.

"내가 원하는 것을 어떻게 할 것인가를 고민하기 전에, 먼저 그 일에 푹 빠져라."

돈을 걱정하지 말고 두려워서 결단을 못 내리는 당신의 연약한 마음을 걱정하라.

"뜻이 있으면 하라. 돈이 먼저가 아니라 뜻이 먼저다. 뜻이 있으면 미치게 마련이고, 돈은 미친 사람에게 간다."

늦은 꿈을 실현한 나의 경험에서 나온 고백이다. 만일 당신이 안정된 길만 고집한다면, 모험을 거부하고 안정을 얻는 대신에 당신의 자기는 더 깊은 무의식으로 들어가 잠들고 말 것이다. 그것은 가짜 인생을 사는 거다.

뒤늦게 발견한 뜻을 이루는 데에 가장 큰 걸림돌은 돈이다. 뜻은 돈 없이는 한 발자국도 앞으로 못 나가는 것처럼 보인다. 머뭇거리고 있을 때는 더 그렇다. 용기 내어 첫 발을 내딛어 보라. 두 발자국 앞으로 나간다. 소수를 제외하고는 돈 때문에 겪는 시련은 늘 있다. 시련은 실패한 인생을 만들지 않고, 단단한 인생을 만든다.

"돈이 있어야 뜻을 세우는 게 아니라, 뜻이 있는 곳에 돈도 있다."

한 줄 돈 반성문

돈 때문에 겪는 시련은 실패한 인생이 아니라, 단단한 인생을 만들기 위함이다.

돈도 물처럼
위에서 아래로
흘러야 한다

⋮

대통령 탄핵 이후에 새로운 정부가 들어서면서, 권력자의 돈 비리가 속속들이 밝혀지고 있다. 나쁜 권력자는 제일 먼저 언론을 통제한다. 언론이 통제되면 세상은 암흑이 되고, 권력자는 그 틈을 노려 돈을 챙긴다. 그들은 돈이 이익을 주고 쾌락을 충족시켜 준다는 환상을 믿고 있으나, 환상은 가까이 갈수록 깨지는 속성이 있다.

카를 융의 오랜 제자 폰 프란츠는 내적 성장을 추구하는 문화권의 사람들이 개인의 이익과 쾌락을 추구하는 공리주의적 태도를 버려야 한다는 것을 쉽게 이해한다고 했다. 공리주의는 고전적 자본주의의 철학적 근거가 됐다. 서구에서는 그 유효기간이 이미 끝났으나 한국에서는 여전히 유효하다.

우리나라는 소득에 비해 각종 행복지표는 뒤처진다. 이유는 고전적 자본주의에 충실해 돈이 아래로 흐르지 못하기 때문인 이유와 관계가 깊다. 통치자가 해야 하는 가장 중요한 일은 돈을 위에서 아래로 순환시키는 일이다.

◆

"돈이 쉽게 벌려도 문제다"

◆

E는 지방에서 대학을 마치고, 육군에서 만기 전역했다. 이곳저곳 취업의 문을 두드려 보았으나 허사였다. 그래서 다시 수능 고사를 보아 의대로 진학하기로 했다. 자칫 잘못해 시간을 낭비하면 나이 들어 취업은 더 어렵게 될 수 있었으나, E는 한의대에 합격했다.

경제력을 감당할 수 없는 부모는 아들에게 말했다.

"학비는 대출받아 하고, 자취방 월세는 대 주겠다. 그 밖의 다른 비용은 네가 과외해서 충당해라."

E가 한의대를 입학한 동시에 E의 동생은 군에서 전역하여 복학했다.

의대에서는 공부할 분량이 많고, 암기해서 쓰는 쪽지 시험도 많다. 의학 공부는 시간 싸움이라고도 하지만 E는 공부에만 전념할 수 없었다. 지방 도시에 있는 한의대생이었기에 그 지역에서 과외를 구하기는 어렵지 않았다. 많을 때는 5명까지 가르쳤는데, 그렇게 벌어서 가끔 동생에게 용돈도 주고 옷도 사 줬다.

방학이 돼도 그 지역에서 과외를 해야 하니 집에 잠깐 들렀다가 자취방으로 돌아간다. 그곳이 생활 터전이 되니 이제는 고향처럼 편하다며 미안해하는 부모를 위로한다. 그래도 아들의 밝은 모습을 보면 부모는 힘이 난다. 아들의 말이다.

"돈이 쉽게 벌려요. 한의사 전망 어두운데, 졸업 후 학원이나 차릴까요?"

부모는 가슴이 덜컥 내려앉았다.

"돈이 쉽게 벌려도 문제다."

쉽게 벌리는 돈은 쉽게 자신의 쾌락과 이익을 목적으로 하게 되는데, 그러면 내적 성장은 멈춘다.

◆

돈을 번 사람이 있으면
벌게 해 준 사람도 있다

◆

H는 남해안 지역에 살았으나 대학은 대도시에서 다니겠다며 경기도 권의 대학에 지원해 합격했다. 부모의 걱정은 컸다. 학비도 생활비도 지원해 줄 수 없는 상황이다. 어떻게 해서 겨우 자취방만 마련해 주었다.

처음에는 몇 번 불규칙하게 생활비도 보내 주더니, 얼마 안 가서 그것마저 끊겼다. 월세가 밀리기 시작했다. 부모도 어쩔 도리가 없었다. 삽으로 땅을 판다고 없는 돈이 나오는가. 어머니는 짜증냈다.

"네가 어떻게 벌어서 해라. 그래서 뭐랬니. 집 가까운 대학에 들어가라고 했지."

H는 편의점, 카페, 식당 등 닥치는 대로 몸으로 때우는 알바를 했다. 늘 잠이 부족하니 수업 시간에는 존다.

"내가 공부하려고 대학에 왔는지, 알바하려고 대학에 왔는지?"

그렇게 한 이 년을 버텨 내니까 몸이 많이 상했다. H는 쉽게 돈 버는 유혹에 빠져들었다. 공부하려고 일하는 건데 아무 일이면 어떠냐. H는 밤에 하는 일에 뛰어들었다.

주로 술 시중을 드는 일이었는데 분위기에 따라서는 손님과 함께 술도 먹어 주어야 했다. 학생 신분으로 어떻게 그런 곳에 나가냐고 했지만, 막상 나가 보니 자기만 학생은 아니었다.

수입은 최저 시급이나 겨우 받으면서 몸으로 하는 알바하고는 비교가 되지 않았다. 간혹 수표를 손에 쥐어 주는 인심이 후한 손님도 있었다. 일에 익숙해지면서 함께 술 먹는 일도 적당히 즐겼다.

쉽게 버는 돈은 마약과 같다. 빠져나오려 하지도 않았고, 빠져나올 수도 없었다. 딸이 집에다 돈을 요구하지 않자, 야속한 부모는 딸이 잘하고 있는 줄만 알았다.

그녀는 대학생처럼 보이지 않았다. 외모로 보아 업소에 나가는 여성으로 보였다. 다른 일을 해서는 월세, 생활비, 학비 등을 댈 수 없다고 한다. 가슴이 먹먹했다. 내가 할 수 있는 건 고작 그녀의 지친 마음을 잠깐 위로하는 일이 전부다.

H는 돈을 벌기 위해 자신의 몸과 마음을 황폐화시켰고, 그런 피학을 즐기기까지 했다. 나는 고향에 있는 H의 부모가 원망스러웠으나 사정을 듣고 보니 부모 또한 어쩔 수 없었다. 업소 주인을 원망했으나 그녀가 자발적으로 선택한 일이다.

아무개의 대선 공약이었던 반값 등록금은 물거품이 됐다. H에게 등록금을 반으로만 줄여 줘도 퇴근 시간이 빨라져 잠을 더 잘 수 있고, 강의실에서 졸지도 않았을 것이다. H가 서울의 상위권 대학에 갔었더라면 육체적으로 덜 고된 과외 알바 자리를 얻었을 거다.

세계은행 자료에 의하면, 2016년 대한민국의 일인당 국민 소득은 2만 7,600달러로 45위다. 곧 3만 달러 시대를 연다고 한다. 그러나 소득 불균형은 심각하다.

2016년 3월 16일 IMF가 발표한 자료에 의하면, 우리나라는 상위 10퍼센트 고소득층이 국민 전체 소득의 45퍼센트를 벌어들인다. 이는 아시아에서 소득 불균형이 가장 심한 나라라는 뜻이다. 그만큼 돈의 순환이 막혔다.

돈은 물처럼 높은 곳에서 낮은 곳으로 흘러야 한다. 이 흐름이 막히면 물은 썩어 냄새나고 그 사회는 오염되고 병든다. 상류와 하류 모두 피해자가 된다.

돈 많은 사람들이 있다면, 돈을 벌게 해 준 사람이 있다는 사실을 명심하라. 돈은 주인뿐만 아니라, 벌게 해 준 사람의 돈이기도 하다.

인간의 욕망은 돈을 흐르게 못한다. 개인 차원이 아니라 국가 차원에서 복지 정책으로 돈을 흐르게 해야 한다.

한 줄 돈 반성문

돈은 물과 같아서 흐르지 않으면 썩고 흐르면 자체 정화되듯이, 돈이 한 곳에 고여 있느냐 흐르느냐가 곧 그 사회가 청렴한 정도다.

세상의 손실과 이득을
모두 더하면
제로다

⋮

결혼을 석 달 앞둔 C, 살 집은 자기가 해결할 수 있다고 생각했다. 그런데 그만 문제가 생겼다. 은행에 가서 문의해 본 결과 신용 등급이 떨어져 대출받는 데 차질이 생긴 것이다.

원인은 집안에 큰돈 들어갈 일이 생길 때마다 C 이름으로 대출받았는데, 그것이 야금야금 신용 등급을 갉아먹었기 때문이다. 앞이 캄캄했다. 반면 집안은 C의 공로로 어려운 순간들을 이겨 냈다.

C는 괜찮은 직장에 다니고 있으면서도, 집안에 경제적 기둥 역할을 하다 보니 돈 모을 겨를이 없었다. 나이 마흔을 훌쩍 넘기자 그냥 혼자 살기로 잠정적 결론을 내렸다. 지금처럼 부모님을 모시고 사는 것도 괜찮다.

결혼하지 않으려는 심산으로 돈 관리를 안했으나, 뜻하지 않게 사랑하는 여성을 만나 결혼을 준비하면서 자신의 현실을 봤다.

◆

인생은
득도 실도 공유한다

◆

C에게는 복잡한 가족력이 있다. C의 부모는 중소기업의 사내 커플이었다. 훈남 훈녀인 이들이 결혼한다고 하자 지인들은 농담 반 진담 반으로 말했다.

"두 분이 홍익인간을 구현하기는 좋으신 분들인데, 두 분 다 퍼주기 좋아하시니 경제생활은 어떻게 하실지 모르겠다."

맞벌이가 흔하지 않은 시대에 맞벌이 부부라 경제적 어려움은 없었고, 매달 적지 않는 돈을 꼬박꼬박 저축했다. 아파트 붐 시대에 돌입하자 부부는 어렵지 않게 아파트 한 채를 장만할 수 있었다.

최소한의 의식주 문제는 해결되자, 부부는 소명에 따라 베풀며 살기로 합의했다. 할 수 있는 선을 정해 놓고 선행과 기부를 했다.

"선행을 베푸는 사람은 사기꾼을 조심하라. 그들은 당신들의 주머니를 노리고 달려들 것이다."

그래서 예수는 자선할 때에는 소문내지 말라고 오른손이 한 것을 왼손이 모르게 하라고 말씀했다. 이런 현대적 해석도 가능하다.

이 부부, 사기꾼의 꼬임에 넘어가 손실을 크게 보아서 알뜰하게 모아 장만한 부동산을 정리했다. 이 부부는 비둘기처럼 순수하되 뱀같이 지혜로워야 한다는 예수 말씀을 기억할 필요가 있었다.

부부는 퇴직금도 조기 상환받아 빚잔치를 했고, 화병으로 마음고생도 했다. 부부의 분노는 우울증과 불면증으로 번졌다. 화병이 그들에게 준 선물은 '용서'였다. 부부는 '화'에서 벗어나는 근본적 해결이 용서라는 것을 체험으로 깨달았다.

사기꾼도 처음부터 사기꾼은 아니었다. 먹고살기 위해서 어쩌다 사기꾼이 된 과정을 이해하니 용서하지 못할 사기꾼도 없었다. 진정으로 이들을 용서하는 마음을 가지니, 부부의 마음을 덮고 있던 어두운 그림자는 거짓말처럼 사라졌다.

사기를 당해서 잃은 손실과 사기를 쳐서 얻은 이익, 이 둘을 합하면 제로다. 무슨 선사 같은 말을 하느냐고 대꾸할지 모르겠지만, 힘든 일일수록 선사 같은 말을 명상하라.

◆

"세상은
하나다"

◆

사람은 혼자가 아니다. 인생은 득도 실도 공유한다. C는 다른 형제들에 비해서 특별한 효자였다. 강박적으로 부모를 뒷바라지해야 한다는 책임감이 있었고, 동생들에게는 부모가 못한 부모 역할도

대신해 주었다. 그게 다 돈 들어가는 일이다. 자기를 위해서는 돈을 저축하거나 제대로 쓸 줄도 몰랐다. 반면 가족은 혜택을 보았다.

드디어 C의 반쪽이 등장했다. 그녀에 대한 감정은 부모님에게 베푼 헌신과는 달랐다. 자기도 모르게 끌리는 힘이 있었는데, 이 힘은 절대 거역할 수 없었다.

"지금 기회를 놓치면 평생을 총각으로 살아야 할지도 모른다."

결혼은 선택이 아니라 운명처럼 C에게 다가왔다.

은행에 가서 대출을 상담한 C는 고개를 숙였다. 사랑보다 더 진한 것은 돈이었다. 사랑 하나로 상대방을 내 여자로 만들어 버리려 했던 경솔한 생각이 부끄러웠다. 사랑도 돈 앞에서는 매우 초라한 낭만에 불과했다. 직원은 등 돌려 나가는 C에게 말했다.

"아내가 직업이 있으면 전세 대출이 가능합니다."

남자가 동굴로 들어가면 여성은 마법의 검을 가지고 구출하러 온다. 이 모든 것을 알게 된 여성은 화났다. 자기를 속인 C, 그리고 C에게 경제적 부담을 주고 그것을 마치 당연한 것처럼 생각하는 C의 부모, 자기들만 C에게서 혜택을 보고 집에서 쏙 빠져나간 C의 두 동생, 다 밉다.

늦게 하는 결혼일수록 현실적이 되라는 친구들의 말을 무시하고, 늦게 하는 결혼일수록 사랑을 찾아야 인생 후반이 행복해진다는 신념으로 이 남자에게 사랑을 주었다. 38년 동안 발효시킨 사랑이다.

"결혼은 현실이다. 원점으로 돌릴까. 아직 청첩장은 돌리지 않았다. 지금이라도 늦지 않았다. 저렇게 경제관념이 없는 사람과 어떻게 일생을 산단 말인가."

그러나 38년 묵혀 놓은 사랑은 돈보다 진했다. 여성은 자기 명의로 대출받아 전셋집을 얻었다. C가 가족으로부터 입은 손실을 보상했다. 성숙한 사랑은 '주고받기'다. 사랑은 줄 때가 있으면 받을 때도 반드시 있게 마련이다. 그런데 주고받는 곳이 전혀 다른 곳일 수도 있다는 점을 명심하라.

본의 아니게 자식의 어깨를 무겁게 한 C의 부모는 자신들 의지대로 살았다. C가 삶을 대하는 태도 역시 부모가 강요하지 않았고 스스로 선택한 의지였다. C 부부가 서로 만나고 결혼을 결정한 일도 전적으로 그들의 자유 의지였다.

임종의학자 퀴블러 로스는 신이 인간에게 주신 가장 아름다운 선물을 자유 의지라고 했다. 나의 자유 의지가 누군가에게는 플러스가 되고, 누군가에게는 마이너스가 된다. 둘을 더하면 제로, 평형 상태를 유지한다. 세상의 모든 플러스와 마이너스를 더하면 제로, 완벽한 평형 상태다. 잃었다고 잃은 것이 아니고, 얻었다고 얻은 것도 아니다. 언젠가는 깨닫게 될 것이다.

"세상은 하나다."

한줄 돈 반성문

세상의 모든 플러스와 마이너를 더하면 완벽한 평형 상태이므로, 잃었다고 잃은 것이 아니고 얻었다고 얻은 것도 아니다.

돈 버는 인생이 있으면
돈 쓰는 인생도 있다

Y의 아들은 고등학교를 졸업하자마자 조현병이 발병해 정신 병원에 장기 입원했다. 이후 계속 약물 치료를 했는데, 약물을 복용하면서도 환청과 망상 증세가 심해서 가족들이 애를 먹었다.

주변 권유로 심리 상담을 받게 됐는데, 다행히 환청과 망상 등은 현저히 줄어들었다. 그러나 여전히 약물을 복용해야 하고, 평생 관리해야 하는 상태다.

Y는 자수성가했다. 자수성가한 사람들은 인간의 의지를 과대평가하고, 그들의 경험과 지식으로 세상을 판단하려 한다. 성공한 사람의 경험과 지식은 성공 학교의 필수 과목으로 추앙받는다. Y는 타인의 감정을 배려하는 마음이 부족하기에 물불 가리지 않고 성공 열차에 몸에 내맡길 수 있었다.

성공한 사람은 강력한 방어 기제인 투사적 동일시projective identification
를 사용해 타인을 내 뜻대로 통제하려는 욕망이 강하다. 강력한 방
어 기제를 사용하는 것은 그만큼 내면의 불안이 크다는 것을 의미
한다.

자수성가한 사람은 내면의 불안을 사회적 성공으로 승화시킨다.
가족에게 필요한 돈을 대 주는 것으로 충분히 제 역할을 했다고 믿
고, 마음을 헤아리는 능력도 현저히 떨어진다. 내면의 불안이 해소
된 후에야 여유가 생겨 주변을 돌아본다.

도널드 위니컷의 정신 분석 이론에 의하면, 즐거운 놀이는 불안
을 완화시킨다. 자수성가한 사람이 놀이 공간이 부족한 이유는 그
심리 공간을 돈으로 채우려 하기 때문이다. 심리적으로 통합되려면
돈과는 무관한 즐거운 놀이 문화를 찾아야 한다. 친환경적 비문명
국가에서 행복 지수가 높은 이유도 불안을 해소할 친환경적 놀이가
많기 때문이다.

◆

돈을 번 사람이 있으면
벌게 해 준 사람도 있다

◆

Y는 아들의 의지와 신념을 존중해 준 것이 아니라, 자신의 의지
와 신념으로 아들을 키웠다. 약하게 태어난 아들은 아버지의 의지

와 신념을 따라가기에는 벅찼다. 감히 넘볼 수 없는 아버지는 아들에게 두려움의 대상이다.

아들은 아버지에 대한 두려움을 세상으로 투사해 세상을 두려운 곳으로 만들었다. 심인성 조현병이 발병하는 과정이다. 아들은 사회 활동을 할 수 없는 상태가 됐다.

실패를 몇 번 거쳐서 불굴의 의지로 제조업에 성공한 Y 입장에서, 아들의 문제는 병이 아니라 의지 문제다. 나와 정신과 의사에게 아들의 병에 대해서 상세히 설명을 들었지만, 의지의 한국인 Y는 고개만 끄덕일 뿐 진심으로 받아들이지는 않았다. 아들은 의지만 있으면 지금의 증상에서 나올 수 있다고 믿었다. 조현병은 의지 문제가 아니라 병이라는 사실을 극구 부인했다.

"저도 정신이 분열되려는 상황에서 오뚝이처럼 일어났습니다."

Y는 아들을 치료하기 위해서 아들의 의지보다 아버지의 의지가 저 중요하다고 생각했다.

"외아들입니다. 지금은 제 엄마가 뒤치다꺼리 다 해 주지만, 제 엄마나 나나 늙으면 어떻게 하겠어요. 먹고사는 것은 스스로 해야 하지 않겠습니까. 아들의 생활 습관을 고치면 뭐라도 하지 않겠습니까. 그래서 우선 신경을 많이 쓰지 않고도 할 일을 찾아 경험 삼아 시키려 합니다. 선생님 생각은 어떠신지요?"

내 의견을 묻기보다는 이미 결론을 내리고 말한 거였다. 나는 이렇게 말하고 싶었다.

"힘들 겁니다. 돈 많으시잖아요. 그 돈이면 당신 부부가 세상을 떠나도 아들 뒤는 걱정할 것 없어요. 내 돈은 아들을 위한 것이라 생각하시면 편하실 겁니다."

아들은 작은 체인점을 운영하면서 처음에는 얼굴에 빛이 돌았다. 고등학교를 졸업한 후, 한 십 년 만에 세상으로 나온 거다. 그러나 시간이 지날수록 아들의 표정은 어두워졌다. 적자였기 때문이다. 아버지가 돈에 남다른 집착이 있다는 사실을 아는 아들은 적자인 것을 자기 책임으로 돌리며 아버지에게 죄짓는 것으로 인식했다.

"사내가 자기 먹을 것은 자기가 벌어야지, 사내구실 하는 거야."

아버지의 메시지는 그에게 공포였다.

아들은 한 오 개월 정도 그 일을 억지로 하다가 적자만 보고 가게 문을 닫았다.

"난 역시 정신병자야, 나 먹을 것도 벌지 못하는 쓸모없어."

무능감에 확신만 불어넣은 아픈 경험이었다. 아들은 어릴 적부터 아버지가 자기에게 무엇을 요구하는 지를 무의식적으로 너무나 잘 알고 있다. 그 요구는 아들에게 항상 벅찼다. 그래서 정신병으로 도망쳤다. 정신병은 현실 원리를 받아들일 수 없어서 극단적 방어를 선택한 병이다.

◆

"잘 벌리는 돈은 잘 써야 한다"

◆

좀처럼 웃거나 농담을 못 하시는 아버지, 그런 아버지의 눈빛은 매서웠다. 아버지는 전보다 많이 바뀌었는데도, 돈벌이에 실패한 아들은 예전의 무서운 아버지를 마음속에서 부활시켰다.

아들은 자살을 시도했으나, 다행히 일찍 발견돼 병원으로 옮겨 치료받았다. 이를 계기로 아버지는 아들에 대한 태도를 180도 바꾸었다.

나는 그제서야 아버지에게 직언할 수 있었다.

"아버지는 돈 벌기 위해 태어나셨다면, 아들은 그 돈을 쓰기 위해 태어난 사람임을 인정할 수 있습니까?"

Y는 병원에 가서 아들 손을 잡고 말했다.

"이제부터 아빠는 너를 편하게 하는 일이 무엇인가를 먼저 생각할 거다. 그게 세상에서 아빠가 해야 할 가장 중요한 일이라는 것을 이제야 알았다."

아들이 사회적 역할을 못하면 어쩌나 하는 불안에서 Y는 벗어난 것이다.

영문을 모르는 아들은 아버지를 두려운 눈으로 쳐다보았다. 조현병은 좀처럼 감정 표현을 못하는 특성이 있다. 아들의 눈가에는 눈물이 맺혔는데 그것은 아들이 할 수 있는 최고의 감정 표현이었다.

돈벌이에 성공한 Y, 그 성공을 아들에게 물려주려 했으나 아들은 받지 않았다. 아버지는 이런 일련의 시련을 통해 자신의 삶을 전체적으로 반성해 보는 시간을 가졌다. 그러고는 깨달았다.

"잘 벌리는 돈은 잘 써야 한다."

3 평생 돈 걱정 없이 사는 법 _마흔의 돈 관리

돈 벌기 위해서 태어난 사람이 있다면, 돈 쓰기 위해서 태어난 인생도 있다. 전자가 후자에 비해 월등지는 않다. 우리에게 손 벌리는 사람이 우리의 스승이다. 우리는 그를 통해 돈의 속박에서 구원받는다.

한줄 돈 반성문

우리에게 손 벌려 도움을 요청하는 사람이 바로 우리의 스승이다.

돈 많은 사람이 아니라 돈 잘 쓰는 사람이 부자다

치밀한 계획을 세우고 나서야 움직이는 W에게 여행은 또 다른 계획이며 일이다. 여행은 남편과 함께 계획을 세우면서 시작되고, 그러면서 부부간의 정도 쌓인다.

그러나 중년의 허전함을 거치면서 그 일이 예전처럼 즐겁지 않다. 귀찮다. 여행 계획을 세우면서 자주 남편과 의견이 충돌한다. 남편은 아내의 틀에 박힌 여행에 질렸다. W는 그러면 당신이 여행 계획을 세워 보라고 했으나 들려오는 대답은 무책임했다.

"계획은 무슨 계획을… 그냥 가는 게 여행이지."

그냥 가는 게 여행이라니, W는 그 말을 받아들일 수 없었다.

◆

돈 생각 없이 떠나는,
나를 찾아가는 여행

◆

부부의 권태기는 사소한 것으로 다투는 데서 시작된다. 부부 권태기는 노력해서 이전의 좋은 시기로 돌아가라는 신호가 아니라, 지금은 각자가 변해야 하는 시기임을 알리는 신호다.

어느 주말, W가 혼자서 주섬주섬 여행 가방을 챙기기 시작했다. 남편이 물었다.

"어디가?"

W가 대답했다.

"여행, 당신도 함께 가려면 준비해. 아니면 말고."

남편은 전에 없던 생뚱맞은 아내의 행동을 물끄러미 바라보더니만 얼른 나갈 채비를 차렸다.

W는 운전석에 앉으면서 말했다.

"자, 여행 시작."

남편은 웃으며 말했다.

"어디로?"

W는 무뚝뚝하게 말했다.

"남쪽으로. 무작정."

W는 음악을 틀어 놓고 콧노래를 불러 가며, 내비게이션도 켜 놓

지 않고 가속 페달을 유유히 밟으며 적당히 속도감을 즐겼다.

"운전은 내가 하지만, 가는 곳은 자동차가 가고 싶은 곳으로."

W는 틀에 박힌 여행에서 벗어나고 싶었다. 그냥 남쪽으로, 남쪽으로, 자동차가 가자는 데로 가기로 했다. 가다가 좋은 곳에 이르면 그곳이 어디든 상관없이 차를 세우고 한동안 머무른다. 자리를 깔아 눕기도 하고 주변도 산책한다. 그러다가 싫증나면 다시 남쪽을 향해 이동하면 된다. 숙소는 해 떨어지는 곳에 있는 모텔로 한다.

길가 허름한 모텔에 짐을 푼 W의 마음은 한없이 편했다. 침대에 벌렁 누운 W는 남편에게는 관심도 없다는 듯이 천정을 바라보다가 잠들고 말았다.

남편은 놀랐다. 아내는 낯선 곳에 가면 잠을 자지 못해 여행할 때마다 수면제를 챙기곤 했다. 그런데 침대에 눕자마자 잠이 들다니!

남편은 W에게 홑이불을 덮어 주면서 가느다란 미소를 지었다. 아내가 여행 가서 잠을 이루지 못한 이유를 알 것 같다. 그녀에게는 자유가 필요했다. 아내 스스로 아내를 놓아주는 그런 일들이 필요했다. 수학 교사의 팍팍한 생활에서 벗어나 미술이나 음악 교사가 누리는 자유로움이 필요했다. 그동안 아내에게 여행과 여행 계획이란 돌발 변수가 많은 수학 문제를 푸는 것과 다름없었다.

권태기는 변화의 메신저다. 어떤 변화든 용기가 필요하다. 가장 힘든 결정이 가장 위대한 결정이다. 성장의 전환기일수록 힘든 결정을 내려야 한다. 지금까지 살아온 삶의 방식과는 다른 방식을 써 보는 거다. 나이들수록 아주 작은 변화를 주는 것도 생각보다 쉽지 않으나, 생각보다 쉽지 않은 변화를 주어야 생각보다 쉽지 않았던 것을 선물로 얻는다.

◆

"돈 잘 쓰는 사람이
부자다"

◆

달콤하게 긴 잠을 잔 W에게 빛 한 줄기가 다가왔다.

"여행이 나를 주도하게 하는 여행이야말로 진정한 여행이다."

깨달음은 선문답처럼 온다. W는 복잡한 수학 공식이 없어도 수학문제를 잘 풀 수 있을 것 같다며 이해하기 힘든 말을 했다.

W의 자유 여행은 자유 여행 그 이상의 의미가 있었다. 자신의 엄격한 초자아를 놓아주고, 잠시라도 아이들로부터 벗어나는 것이고, 교사 생활에 지친 심신을 놓아주고, 여전히 남편의 사랑을 구하는 내면의 아이를 놓아주는 것이다. 그해 여름방학에 W는 그런 자유 여행을 여러 번 했다.

생의 전환기에, 권태기에, 우울한 시기에는 여행을 하자. 무리하게 투자해서라도 여행을 하자. 무리한 기대로 알았던 내면의 자유를 선물로 얻는다.

카를 융의 개성화는 의식의 중심인 자아가 더 이상 현상에 만족할 수 없어서, 집단 무의식의 중심인 자기를 그리워하며 떠나는 내면의 여행이다.

여행이 진행될수록 자아가 자기를 찾는 것이 아니라 자기가 자아를 찾아오며 새로운 세계를 경험한다. 중년에 무엇인가를 그리워하며 홀연히 떠나는 여행은 새로운 세계에 이르는 개성화 과정이기도 하다.

개학하자, W는 자랑스럽게 방학 중에 있었던 자유 여행을 선전했다.

"생님도 저처럼 해 보세요. 자동차가 가는 대로, 바람이 부는 대로, 구름이 떠도는 대로, 달빛이 비추는 대로…."

W의 긴 여행기를 들은 동료 교사가 말했다.

"돈이 많은가 봐?"

순간, W는 멈칫했다. 지금까지 살아 오면서 돈이 많다고 생각한 적은 한 번도 없었다. W는 자기도 모르게 말이 툭 튀어나왔다.

"그래, 부자지."

그리고는 깔깔 웃었다. 그 순간 W는 진짜 부자일지도 모른다고 생각했고, 그 순간에 궁색한 돈 걱정이 사라졌다.

"돈이 많아서 쓰는 것이 아니에요. 아직은 버는 돈이 있으니까 감사하며 쓰는 거죠. 돈 많은 사람이 부자가 아니라, 돈 잘 쓰는 사람이 부자예요."

알 듯 모르 듯 W의 말에 동료 교사들은 고개를 끄덕였다. 그들은 W가 변했다는 것을 알아차렸다. 그날 W는 잠자리에 들어가서 같은 말을 되뇌었다.

"돈 많은 사람이 부자가 아니라, 돈 잘 쓰는 사람이 부자다."

한줄돈반성문

생의 전환기에, 권태기에, 우울한 시기에는 무리하게 투자해서라도 여행하라. 그러면 내면의 자유를 선물로 얻을 것이다.

따뜻한 인간상은 돈보다 진하다

가장으로서 아버지의 주요 역할은 돈을 버는 일이다. 빈부 격차가 심한 사회일수록 성격과 인격은 뒤로하고 돈 잘 버는 아버지가 최고다. 반면 성격과 인격이 좋아도 돈을 못 벌면 무능한 가장이고 팔자도 나쁘다고 한다.

과연 그럴까?

나는 타인의 기대를 충족시키기 위해 살고 있는 것이 아니고, 또한 세상에 정상적인 사람이 있다면 그건 당신이 잘 모르는 사람일 뿐이라고 아들러는 말했다.

"내 인생을 만들어 가고 평가하는 것은 바로 나여야 한다."

◆

돈 벌이가
중요한 이유

◆

P는 미술을 전공하려다가 그거로 먹고살기는 힘들 것 같았다. 그래도 예술가의 끼를 발휘할 수 있다고 본 건축학을 선택했다. 막상 건축 설계 일을 해 보니, 그것은 설계자의 창의성보다는 수요자 욕구를 먼저 생각해야 하는 일이었다. P는 즐겁지는 않았지만 그 일을 돈벌이 수단으로 삼았다. 그리고 사회적 능력보다는 자상한 가장의 역할을 보람으로 삼으며 살았다.

순수 예술의 세계에 집착하는 사람들을 보면 순수한 마음을 가지고 있는 것 같기도 하고, 사회적 무능으로 보이기도 한다. P는 하는 일이 싫으니 즐겁지 못할 뿐만 아니라, 일에 대한 책임감이나 성실성도 부족했다.

도대체 하고 싶은 일을 즐겁게 하면서 사는 사람이 세상에는 얼마나 될까? 돈을 벌어야 하니 하는 거고, 하다 보면 그 일이 좋아지기도 한다.

가장은 하고 싶지 않은 일도 해야 한다. 재미없어도 재미를 붙여야 한다. 서투르면 익숙해지도록 해야 한다. 남자가 돈벌이를 포기한다면, 돈벌이뿐만 아니라 인생 여러 곳에서도 구멍이 나게 마련이다.

돈벌이가 중요한 것은 돈뿐만 아니라, 돈으로 부수적으로 얻게 되는 것들도 많기 때문이다. 성취감과 존재감, 인간관계 능력, 인생의 즐거움, 자기 신념, 취미 생활 등 헤아릴 수 없이 많다.

건축업에서 십 년 이상 일한 P는 결국 사직서를 제출했다. 하고 싶지 않은 일을 회사의 요구에 맞추며 하는 데에 신물이 났다. 집에 들어앉아서는 될 대로 되라는 식으로 퇴직금을 까먹고 살았다. 될 대로 되라는 삶에 뒤따라오는 것은 자기 학대다. 심하면 알코올 의존증도 동반한다.

이후 P는 직장을 몇 군데 옮겨 다녔으나 한 직장에서 반년 이상을 버티지 못하고 휴직과 취업을 반복하다가 나중에는 한두 달도 버티지 못했다.

그렇게 뜨내기 생활로 십 년을 보낸 P는 다음 순서에 따라 우울증이 왔다. 우울증이 심해지면서 노름에 손을 대, 그의 아내는 뒤처리하면서 남편이 차라리 없어지거나 이혼했으면 좋겠다고 생각하기까지 이르렀다. 가장이 돈을 못 벌면 돈만 못 버는 것이 아니라, 그 밖의 다른 것들도 함께 무너진다.

P는 사회적 역할 면에서는 무너졌지만, 아내와 자식들에게 매우 자상했다. 돈은 못 벌고 자상하기만 한 남편은 그 자상함마저 무능으로 보인다. 노는 남편과 힘들게 일하는 아내의 부부 관계가 좋을 리 없다. 사회적으로 무능한 남편이 부부애를 과시한 경우는 거의 없다.

그러나 자식들은 시간이 많은 아버지를 대화 상대요, 영어와 수학 과외 교사로 삼았다. 투박한 엄마가 못하는 모성의 자상함을 아버지가 대신해 주었다. 비록 돈 못 버는 아버지였지만, 그래서 딸들은 아르바이트하고 학자금 융자를 받으면서 대학 공부를 했지만, 그것이 부녀 관계의 애정을 뒤집지는 못했다.

아내는 다르다. 쪼여 오는 경제적 어려움으로 P에게 막노동이라도 나가라고 구박했다. 착한 P는 아내의 잔소리 아닌 잔소리에 책임감을 느끼고 막노동하러 나갔으나 이삼일을 못 버텼다.

P도 그런 자기가 싫다. 뭔가를 다시 시도해 보지만, 이미 사회적 능력이 퇴화된 그를 환영하는 곳은 없다. 그의 자상함은 더 이상 장점이 될 수 없었다.

◆

돈보다 진한
인간미

◆

P의 우울증이 점점 더 심해졌다. 우울증은 참 나쁘다. 결국은 자기 자신을 포기하게 만든다. P는 스스로 목숨을 끊었다.

P의 시신을 본 순간에 아내는 비명을 지르고 뒤로 물러섰고, 딸들이 잠에서 일어나 P의 시신을 수습했다. 딸 둘은 장례식 내내 통곡하며 슬픔을 극복하기 위해 슬픔의 의례를 치렀다.

반면 아내는 무능한 남편에게 돈 벌어 오라고 한 잔소리 때문에 남편이 일을 저질렀다고 생각했다. 그리고 남은 자의 죄책감으로 괴로워했다.

아이들과 자상하게 놀아 주는 대한민국 아버지는 정말 드물다. 대한민국의 아버지가 나쁘거나 놀아 주는 데에 무능해서가 아니라 그만큼 살기가 팍팍해 시간 내기 힘들어서다. P는 돈벌이에 써야 할 정신 에너지를 집안으로 가져와 아이들과 소통하는 데에 썼다. 만일 P가 직장 일로 바빴다면 아이들과 특별히 따뜻한 관계를 펼치지 못했을 거다.

P가 성공한 인생인지 실패한 인생인지는 그만이 안다. 사회적 능력으로 봐서는 실패자이지만, 인간미로 보아서는 실패자는 아니다. 그의 따뜻한 마음은 아내와 자식들의 내면에 남아 그들의 삶을 따뜻하게 해 나갈 것이다. 그들을 접하는 사람들 역시 P의 따뜻한 기운을 간접적으로 받게 될 것이다.

비록 P는 무직, 가난, 술, 우울, 노름, 자살 등으로 힘든 삶을 살았지만, 시간이 지날수록 그의 따뜻한 인간미는 가족들의 내면에서 생생히 되살아날 것이다.

"따뜻한 인간미는 돈보다 더 진하다."

P는 냉혹한 사회의 변두리를 두리번거리다가 세상을 떠났지만, 그의 따뜻한 인간미는 자식들의 자화상으로 부활할 것이다. 나는 P의 자식들을 위로하면서, 오히려 그들에게서 따뜻한 온기를 받았다. 나 또한 다른 사람에게 따뜻한 온기를 전하며 살겠다고 다짐했다. P로 말미암아 생긴 사랑의 연쇄 반응이다.

<u>한 줄</u> 돈 반성문

다른 좋은 점이 많음에도 불구하고, 단지 돈을 못 번다는 이유로 무능한 사람으로 낙인 찍히는 일은 매우 아쉽다.

돈 걱정 없는 노후를 맞이하라

노령 사회에서는 장수가 항상 복은 아니고 오히려 민폐다. 재산이라도 넉넉히 있으면 자식들에게 찬밥 신세는 아니겠지만, 그렇지 못하면 찬밥 신세가 될지 모른다고 걱정해야 하는 세대다.

오십 대인 A는 대기업에서 임원으로 퇴임하기를 앞에 두고 우울과 무기력이 겹쳤다. 회사에 가도 일이 손에 안 잡히고, 부하 직원들도 임원 대접을 안 하는 것 같다. 곧 갈 사람이기 때문이다.

한때는 회사 일을 내일처럼 하는 의욕과 모험으로 실적을 많이 내어 지금의 자리를 받았다. 그동안 직장 안팎에서 성취한 모든 것들과 안녕할 때는 다가오는데, 이후에 해야 할 새로운 일은 보이지 않는다. 까마득하다.

평균 수명으로 미루어 보아 앞으로 어쩔 수 없이 삼사십 년은 더 살아야 한다. 도대체 무엇을 하고 어떻게 살아야 하나. 아찔하다.

A가 말했다.

"사치스러운 걱정이라는 것도 알아요. 그래도 저는 최소한 노후 문제는 해결되니까요. 연금 좀 나오고, 나중에 그것으로 부족하면 집을 노령 연금으로 잡히면 되겠지요."

◆

불안과 두려움은
돈으로 투사된다

◆

삼십여 년 다니던 직장에서 나오는 일, 직장인으로서 자부심을 가졌던 영광의 관을 내려놓는 일, 상무님에서 명예퇴직자로 내려오는 일, 가정에서 세 끼 식사나 축내는 '삼식이'가 될 것이라는 불안감, 이는 모두 열차의 정거장처럼 마땅히 지나가야 한다. 막상 닥치면 생각보다 견딜 만하다고 지나간 사람들은 고백한다. 신은 인간이 견딜 만한 일만 챙겨 주니까.

생의 전환기에 오는 우울과 무력감도 통과해야 할 의례다. 사랑했던 사람이 세상을 떠났을 때만 애도하는 것이 아니라, 내 삶에 중요한 것들과 분리할 때도 애도하는 작업이 필요하다.

인생사, 뒤에 있는 것은 잠시 슬퍼하며 떠나보내야 새로운 것이 보인다. 다가오는 것들은 필요한 교훈을 남기고 나면 또 다시 떠난다. 그러니 뒤를 보지 마라.

구약 성경에는 미련을 가지고 뒤를 보다가 소금 기둥이 된 롯의 아내 이야기가 나온다. 뒤를 바라본다는 건 내가 남긴 내면의 것들 집착하는 일이다.

정신 분석학자 윌리엄 페어베언은 자아가 내면의 것들과 관계를 맺으면, 그만큼 현실과 관계 맺는 에너지는 감소한다고 했다. 그런 사람은 현실이 아닌 과거에 바탕을 둔 상상 속에 갇혀 살 것이다.

내가 생의 전환기에 나타나는 우울과 무기력은 시간이 약이라고 말했더니, A는 거대 사회의 인사이더에서 아웃사이더가 됐는데 어떻게 시간이 복귀해 주느냐고 되물었다. 그가 은퇴를 두려워하는 이유는 아웃사이더가 될까봐서다. 들어가면 그 자리의 고유한 인사이더가 있을 것이다. 그가 진짜 두려워한 것은 다른 곳에 있었다.

A가 말했다.

"아웃사이더가 됐다고 수입이 말해 주죠. 돈은 한 치 오차도 없이 신분의 상승과 하락을 알려 줘요. 시간이 갈수록 수중에 돈은 줄어들고, 그만큼 저의 행동반경도 줄어들죠. 남들이 해외여행 갈 때 국내 여행으로만 만족해야 하고, 남들이 제주도 갈 때에도 저는 서울 근교에서 바람 쐬는 것으로나 만족해야겠죠. 돈이 떠나면, 제 주변 사람들도 하나둘씩 서서히 사라질 겁니다. 언젠가는 파고다 공원에 쪼그리고 앉아 비둘기에게 모이나 주고 있을지도 모릅니다."

돈 걱정을 했다. 인간의 걱정은 질병을 포함해 물질적인 것과 관련을 맺고 있다. 물질적인 것의 능사는 돈이다. 결국 인간의 현실적 불안과 두려움은 돈으로 투사된다. 물질적인 것 이면에는 정신적인 것들에 대한 관심이 있다. 가령, 왜 부자가 되고 싶어 하는가? 물질적으로 부자가 되면 정신적으로 근심 걱정도 없어지고 편안해질 것이라고 믿기 때문이다.

◆

돈 걱정에 불안한 노후,
돈을 대신할 세계관을 정립해야 한다

◆

은퇴 이후에 A가 돈이 줄어들 것을 걱정하는 이유는 돈 자체가 아니라, 돈이 부족해 근심 걱정거리가 더 늘어날지도 모른다는 불안 때문이다. 대한민국 평균 이상으로 노후 대책을 해 왔으면서, 노후 돈 걱정부터 하는 것은 그가 그동안 얼마나 물질적인 것에만 집착하고 살아왔는지를 말해 준다. 말하자면 은퇴를 앞두고 불안 신경증에 걸린 것이다.

카를 융은 이런 말을 했다.

"신경증을 치료하기 위해서는 증상 뒤에 있는 것의 의미를 발견하고 그의 무의식이 무엇을 요청하고 있는가에 귀 기울여야 한다."

A가 은퇴 뒤를 걱정하는 이유는 돈 때문이고, 돈 걱정은 돈을 대신할 세계관이 부족해서다. 카를 융은 신경증을 근본적으로 치료하는 것은 세계관의 변화라고 했다.

2015년 보험연구원의 조사에 의하면, 한국인 중에 10퍼센트만 노후 준비가 충분하다고 응답했다. 변화시킬 수 있다면 변화시켜야 하겠지만, 변화시킬 수 없다면 그것을 다스릴 세계관을 정립해야 한다. 돈에 관한 한 더욱 그렇다.

유럽의 현자라고 극찬받은 종교 철학자 마틴 부버에 의하면 사람은 자신에게 주어진 모든 상황을 받아들인 후에 신의 소리를 들을 수 있고, 신의 소리를 들은 후에야 자신의 소명을 찾는다고 했다. 노후에 안정되고 평화로우려면 종교적 세계관도 필요하다.

한 줄 돈 반성문

노후에 돈으로부터 자유로운 여생을 살려면, 무엇보다도 세계관이 변해야 한다.

돈보다
더 귀한 돈은
내면에 있다

:

M은 오 남매 중 세 번째로 태어났다. 중간이 그러듯이 부모에게 이렇다 할 관심을 받지 못하고 컸다. 큰형은 맏이라고 노력도 없이 대접받았고, 둘째 형은 부모 일을 잘 도와주어 인정받았다. 바로 아래 동생은 공부를 썩 잘해 부모의 큰 기대주였다. 늦둥이 여동생은 귀여움을 독차지했다.

M은 어린 시절에 자기는 다리 밑에서 주워 왔을지도 모른다고 생각했다. 어떤 때는 엄마를 찾으러 진짜 다리 밑에 가 보기도 했단다. 차라리 주워 온 자식이면 좋겠다고도 했다. 그러면 아예 기대하지 않고 살면 되니까.

평생 돈으로 차별받은
삶

M이 중학교 3학년이 되고 어느 날, 아버지는 M을 따로 불렀다. M은 기뻤다. 이런 일은 없었기 때문이다. 아버지가 특별한 선물을 주리라 기대했었다.

"M아, 이제는 너도 알아야 한다. 너희를 교육시키는 데 내 능력의 한계가 있으니 너는 읍내에 있는 실업계 고등학교로 가라."

공부 못한다고 야단치는 것이 아니었다. 다른 형제들에 비해서 공부를 못하니 못하는 것에 맞추어 실업계 고등학교를 가면 된다고 들었다. 듣는 순간은 아버지가 자신을 배려했다고 받아들였다.

"예, 아버지. 잘 알겠습니다."

M은 아버지가 자기를 따로 불러 뭔가를 주문했다는 데에 감동받았다. M은 그 도시에서 가장 좋은 실업계 고등학교에 합격했다. 그 시절에는 좋은 실업계 고등학교는 인문계 고등학교보다 들어가기가 더 힘들었다. 자랑스럽게 합격 통지서를 들고 집으로 달려온 M은 가족이 축하해 주기를 기대했다.

그런데 아버지는 합격증을 보는 둥 마는 둥, 아무 말씀도 없었다. 그리고 기다렸다는 듯이 동생들에게 사교육을 시켰다. M은 자기 돈이 다 동생들에게 들어가는 것은 좋은 일이라 했다. 저 돈을 나보다 공부 잘하는 동생들에게 대 주는 것이 더 현명한 투자라 생각했다. 동생 둘은 투자 이상으로 좋은 성적표를 가지고 와 부모님을 즐겁게 해 드렸다.

실업계에 들어갔으니, 공부를 잘하나 못하나 고졸 취업자가 될 것이다. 그때도 실업계 고교 졸업자는 거기에 맞게 취업이 잘됐다. 공부를 열심히 할 필요를 못 느꼈다. 대신 공부를 썩 잘하는 동생들을 제 자랑처럼 하고 다녔다. 그러나 한창 예민한 나이인 M의 마음 깊은 곳에는 섭섭함이 있었다.

'왜 아버지의 돈은 나에게는 안 오고 동생들에게만 갈까!'

M은 실업계 고교가 적성에 맞지 않았다. 고교를 졸업하자마자 진로에 고민이 생겨 아르바이트만 반년 동안 하다가 군에 지원 입대했다. 아버지가 M이 취업해 공부 잘하는 동생들 용돈이라도 대 주기를 은근히 기대했는데, 이에 저항하려고 취업하지 않았다. 처음으로 아버지에게 반항한 것이다.

M은 전역 후에 야간 대학에 진학해 고학으로 졸업하고, 지방 중소기업에 취업했다. 큰형은 대기업에 취업했고, 작은형은 행정 고시에 붙었다. 집안 기대주였던 바로 아래 동생은 의대를 졸업하고 지금은 개업의다. 늦둥이 막냇동생은 오빠들의 헌신적 지원으로 음대를 졸업한 뒤, 그 분야에서 제 역할을 충분히 하고 있다.

M은 형제 중에 자신이 가장 열등하다고 했다. 가족 모임에도 서서히 멀어졌다.

"나도 형이나 동생들처럼 경제적 지원을 받았다면, 지금보다는 더 나은 삶을 살 수 있었을 텐데."

　M은 할 수 있는 한, 빚을 내서라도 자식들 미래에 관한 것이라면 모두 다 해 주려 했다. 그렇게 살다 보니 버는 족족 자녀에게 들어갔다. 도대체 돈은 참 이상하다. 이렇게 마음을 먹으니, 아이들에게 계속해서 돈을 대 주지 않으면 안 되는 상황들이 줄줄이 발생한다.

　세월이 흘러 M은 오십 대 후반이, 자식 둘은 이십 대와 삼십 대가 됐다. 아이들은 대학을 졸업했으나 취업을 못했다. 청년 취업의 대란을 생각해서라도, 아버지 역할을 자식이 취업할 때까지 해야 한다고 했다. 서른이 다 된 아들의 용돈을 챙겨 주어야 했다. 두 형의 아이들은 좋은 대학 나와서 좋은 곳에 취업했다.

　왜 나만, 왜 내 자식만 이렇게 안 풀리는 걸까.

◆

"밖을 보는 사람은 꿈꾸지만
안을 보는 사람은 깨어난다"

◆

　M의 삶에서 인과응보는 가당치도 않은 말이다. 그가 얼마나 성실하고 열심히 살아왔는지 동료들도 잘 안다. 그가 찬 공은 발등을 맞고 옆으로 삐뚤어진다. 집중해서 제대로 발질해도 그렇다. 그에게 인생 과제가 혹독하게 주어진 것이다.

　카를 융은 말했다.

"한 사람이 첨예한 갈등으로 견디기 힘든 지경에 이르렀다면, 그것은 인생을 제대로 살고 있다는 뜻이다."

M은 종교 경전을 탐독했다. 그가 만난 하나님은 돈을 잘 벌게 해 줄 뿐만 아니라, 돈을 능가한다. 내가 M을 처음 만난 때는 바로 이때였다. M은 담담하게 말했다.

"저도 여느 사람처럼 돈을 잘 벌고 싶었어요. 그런데 이상하게 내 생은 돈과 인연이 없는 것 같았습니다. 물론 아직도 한 줄기 대박의 꿈이 전혀 없는 것은 아닙니다. 그래서 가끔 복권도 삽니다. 하하하…. 최근에 이르러서야 감사를 제대로 배웠습니다. 인간은 자기 안에 있는 신성神性을 발견해야만 오랜 방황이 끝나고 진정한 감사를 합니다."

사람들은 이렇게 묻고 싶다.

"M이 깨달은 감사와 자유가 구체적으로 무엇인지요?"

내면의 가치는 과학 공식처럼 전수받아야 쓰레기통으로 갈 게 뻔하다. 각자가 깨달아야 내 것이 된다. 이미 내 글에 답변이 녹아 있다.

돈 잘 버는 운을 보장해 준다는 이른바 도사들의 말을 듣지 말라. 그들도 돈을 벌지 못했다. 돈 걱정에 대한 답변은 경전에 다 들었다. 경전에는 이런 구절이 있다.

"당신 안에 있는 신성을 발견하면 돈으로부터 자유로워진다."

한편 카를 융은 이렇게 말했다.

"인간의 비전은 자신의 마음을 들여다봄으로 명료해진다. 밖을 보는 사람은 꿈꾸지만, 안을 보는 사람은 깨어난다."

　M은 돈으로부터 깨어나 자유를 얻었다.

한 줄 돈 반성문

만일 당신이 현실적으로 해결하기 힘든 돈 걱정을 하는 상황에 놓였다면, 그것은 돈보다 더 좋은 것을 내면에서 발견하라는 청신호다.

일생에 한 번은
돈 반성문을 써라

_마흔의 돈 반성문

돈 반성문 ①
부채도
친구다

A는 어린 시절부터 경제적으로 어려워 이사를 밥 먹듯 했다. 대학도 골프장 캐디 같은 아르바이트를 하며 칠 년 만에 졸업했다. 취업해서는 부모님 생활비와 기타 비용을 대느라 나이 마흔이 다 돼 가지만 자기 앞으로 모아 놓은 돈은 없다.

A는 사사로운 일에서도 짜증내고, 동료들을 신뢰하지 못하고, 걸핏하면 분노를 터뜨렸다. 놀랍게도 A는 자신의 그런 성격이 돈과는 전혀 상관없다고 믿고 있었다. A는 상담받으면서 어린 시절에 형성된 돈 열등감이 성격에 결정적으로 영향을 끼쳤다는 것을 알았다. 가난하게 살아온 것도 억울한데, 가난이 성격에 부정적으로 영향을 끼쳤다는 것을 인정하고 싶지 않았다.

A에게는 친한 친구 B가 있다. B는 좋은 직장에서 일하고 있으나,

자의 반 타의 반으로 미혼이고 늘 돈에 쫓기는 삶을 산다. 그러나 B 는 A와는 달리 성격이 낙천적이고 원만하다. B는 돈 걱정을 짊어지 고 살아가는 A를 보고 한마디 했다.

"나는 부채를 평생 안고 갈 친구로 생각하고 있어. 너 그게 무슨 의미인지 아니?"

A는 머리를 한 대 얻어맞은 기분이다. 피할 수 없는 일은 외면한 다고 없어지지 않는다. 피할 수 없는 일은 평생 함께 갈 친구다. 부 채도 친구로 생각할 정도면 돈 걱정할 필요는 없어진다.

돈 반성문 ②
의지와 노력이
미래를 결정한다

C는 돈에 구애받지 않고 사는 대학생이다. 취업보다는 행복한 미래를 꿈꾸는 것에 관심이 있다. 대학은 어쩌다가 적성에 맞지 않는 학과를 선택했으니, 정말 공부하고 싶은 분야는 유학 가서 하겠다며 어학원을 다닌다. 폼 나게 예쁜 외제 승용차도 타고 다닌다.

C가 누리는 모든 것들은 다 C의 아버지에게서 나왔다. 돈 많은 아버지의 자식으로 태어난 것은 본인들 의지가 개입된 일이 아니라 알 수 없는 신비에 가깝다. C에게 복을 타고 태어났다고 덕담하는 사람들이 많지만, 아버지에게 의존하는 복이 정말 복인지는 두고 볼 일이다.

같은 시기에 다른 대학생 D를 만났다. D는 사 년 동안 아르바이트하며 용돈을 벌어 썼고, 학비는 국가장학금이나 대출로 충당했다. 당장 생활비를 벌어야 했기에 취업 준비에도 전념할 수 없었다. D가 가난한 아버지의 자식이 된 것도 의지가 개입됐기보다는 알 수 없는 신비에 가깝다.

어느 날, D는 C가 타고 다니는 차종을 언급하며 자기도 그 차를 가지고 싶다고 했으나 언감생심이라는 사실을 너무나 잘 알고 있었다. 자기는 운이 없어 가난한 아버지 밑에 태어났다고 했으나, 투철한 의지를 가진 그가 정말 운이 없는지는 두고 볼 일이다.

인생은 마라톤이다. 벌써부터 아버지로부터 독립해 제 의지로 살아가는 D야말로 이미 성공한 것이나 다름없다. 지금의 풍요가 미래의 풍요도 결정하는 것은 아니다. 지금의 의지와 노력이 미래를 결정한다.

돈 반성문 ③
비지떡도 이해하고 먹으면 구수하다

E의 회사 근처에 현수막이 붙었다. 내용은 아주 저렴한 값에 남성 커트와 염색을 해 준다는 미용실 광고다. E는 싼 게 비지떡이라며 처음에는 가 볼 생각을 하지 않았다. 그러나 한번 가 볼까 하는 마음이 생겼다.

"설마 하루 이틀 장사할 것도 아니고 비지떡을 팔겠어."

미용실에는 미용 의자가 달랑 두 개 놓여 있었다. 미용 물품들은 여기저기 산만하게 놓여 있었고, 손님을 맞이하는 원장의 태도도 서툴렀다. E는 직감적으로 원장이 초보자 같아서 나갈까 말까 망설이다가 초보 미용사에게 실습 손님이 돼 주는 것도 좋은 일이라 생각하고 미용 의자에 앉았다.

원장은 실습하듯 서툴게 머리카락을 잘랐다. 그리고 염색약을 비벼 머리에 바르는데, 초보 원장을 불신해서인지는 모르겠지만 두피가 매우 답답했다. 그날 집에 가자 아내가 E의 머리를 보고 어디서 했느냐고 물었다. 두피도 괜히 간지러웠다.

다음 날 출근한 E는 미용실로 달려가 커트며 염색약이며 따지고 싶었다. 그러나 그만두었다.

"누구든 전문가가 되기 위해서는 서툰 초보를 거쳐야 하니 내가 일회용 실습 도구가 돼 줬다고 치자."

마음이 한결 가벼웠고, 두피 가려움증도 덜했다. 싼 게 비지떡 맞다. 싼 돈 받고 구수한 두부를 팔면 두부 공장 주인은 망한다. 그러나 비지떡도 이해하는 마음으로 먹으면 구수하다.

돈 반성문 ④
금전적 손해도
자선으로 생각하라

:

사회 초년생 F는 출퇴근용으로 중고차를 구입하려고 중고차 매매 단지에 갔다. 그는 약삭빠른 다른 딜러와는 달리 고객에게서 동정심을 자아내는 한 딜러의 순진한 인상에 끌렸다. F는 그 딜러를 믿고 일천 이백만 원짜리 중고차를 구입했다.

그런데 계약서를 쓰기까지의 과정에서 딜러의 부자연스러운 태도가 자꾸 떠오르면서 의심이 생겼다. 홈페이지에 들어가 보니 공시가보다 이백만 원을 더 올려 받은 것이 확인됐다.

다음 날, F는 매매 단지를 찾아가 사장과 면담하면서 오픈 마켓에서 어떻게 이런 일이 일어날 수 있느냐고 몹시 화내며 그 딜러를 불러 달라고 했다. 딜러는 그날 출근하지 않았다. 아내가 위급한 수술을 받는 날이라고 했다. 딜러는 수술할 돈을 마련하지 못해서 지난 며칠 동안 얼굴이 초췌하고 말도 아니었다고 한다. 사장은 아마도 그 돈을 마련하려고 당신에게 웃돈을 받았을 거라며 정중하게 사과했다.

이제 막 백수를 탈출한 F도 지난 수년 동안 궁색하게 돈타령했던 취업 준비생이었다. 그랬기에 그 딜러의 마음을 이해할 수 있었다.

F는 과일을 사 들고 병원에 찾아가 수술 대기실에서 기다리고 있는 딜러를 만났다. 찔리는 게 있는 딜러는 얼굴을 제대로 들지 못했다. F는 그의 손을 잡아 주면서 말했다.

"이렇게 만난 것도 인연인데, 아내의 쾌차를 빌겠습니다."

병원을 나서는 F는 몸과 마음이 다 상쾌했다. 자기도 궁색한 중에 거의 한 달 봉급이나 되는 돈을 자선한 것이다. 이 짜릿한 느낌, 경험해 보지 않은 사람은 모른다.

언젠가는 이백만 원 혹은 그 이상의 가치가 F에게 되돌아갈 것이다. 아니, 이미 무형 자산을 받은 것과 같다. 손해를 자선으로 생각하는 사람은 이미 복을 받았다.

돈 반성문 ⑤
돈으로 해결 할 수 없는 문제라면 포기하라

오십 대 G는 아내와 사별한 지 얼마 안 됐지만 재혼을 서둘렀다. 상대방의 섬세함과 부드러움과 미모에도 반했기 때문이다. 그뿐만 아니라 소아 당뇨병에 걸려 이십 대가 넘은 지금까지도 식이 요법을 해야 하는 아들을 누군가가 챙겨 주길 바라서였다.

혼인 신고는 하지 않았다. 중년 이후 황혼 재혼은 유산 문제가 불거질 수 있기 때문이었다. 동거인 H는 이런 세태를 모를 리 없다. 그래도 G의 사랑을 확인하는 한편 자기 이름의 부동산을 하나 가지고 싶어서 목돈을 요구했다. G는 선뜻 그 요구를 들어주었다. 그리고 내가 당신에게 돈을 해 주는 것은 여기까지다, 하고 선을 그었다. 그 돈은 무언의 동거 계약서나 다름없었다.

동거 초기에 G는 만족했다. 이후에 갈등은 G가 독립해 살고 있는 H의 딸들에게 금전으로 성의를 보이지 않는다는 그녀의 불평에 서부터 시작됐다. H는 G의 아들에게 밥을 차려 주지 않는다거나 빨래를 개어 주지 않는 등, G의 신경을 거스르게 했다. H는 이러다 가 낙동강 오리알 신세가 될지 모른다며 혼인 신고를 하자고 요구 했다.

"당신이 내 아들에게 하는 것을 보고 내가 어떻게 혼인 신고를 하겠소."

G가 이렇게 말하자 H도 말했다.

"당신이 내 딸에게 하는 것을 보고 내가 어떻게 당신을 믿겠소."

이래서 초기에 달달하던 동거는 불협화음을 내기 시작했다. 무언 의 돈으로 합의된 결합은 돈의 힘이 사라지면 결합력도 약해진다. G는 H가 돈을 너무 밝힌다고 했고, H는 G가 돈에 너무 인색하다 고 했다.

돈으로 틀어진 이들의 관계, 두 주머니를 하나로 만드는 일은 관 계의 회복보다 더 어렵다. 돈에 투사된 이들의 근본 문제를 다루어 야 한다. G는 H가 아들의 엄마가 돼 주기를 원했고, H는 G가 딸들 의 후원자가 돼 주기를 바랐다.

"내가 당신 아들을 잘 챙겨 주면 당신도 내 딸에게 성의를 보여 야 한다."

H는 나 홀로 내면 계약서를 썼다. 성의는 돈이었다.

두 사람은 동거를 파기하고 싶지는 않았다. G는 심사숙고 후에 아들을 분가시켰다. 자신의 욕심이 과하다는 것을 알았다. 그러자

H도 G가 딸의 후원자가 돼 주기 바라는 소망을 포기했다. 그래서 최선은 아니어도 차선인 동거 생활을 다시 유지할 수 있었다.

중년 이후 황혼의 동거나 재혼이 성공하기 위해서는 상대가 아이들의 아빠나 엄마가 돼 주기까지 바라는 욕망을 포기해야 한다. 인간의 감정 문제는 자주 돈으로 투사된다는 점을 명심하라.

돈 반성문 ⑥
사람이 아니라
돈이 문제일 뿐이다

한 부동산 중개소에서 난리가 났다. 이사는 한 집에서 뺀 잔금을 이사 갈 집의 주인에게 치루는 릴레이식으로 이뤄지는데, 이 릴레이의 첫 집에서 그만 문제가 생겨 잔금 일부를 치르는 일이 하루 늦어지게 생겼다. 첫 집에서 문제가 생기니 줄줄이 도미노 식으로 계약금을 뜯길 판이다.

그날은 비가 보슬보슬 내리고 있었다. 짐을 실은 화물차와 사다리차도 줄줄이 비를 맞고 내기하고 있었다. 해당 당사자들이 부동산 중개 사무실에 모여 발을 동동 굴렀다. 모두들 신경이 곤두선 상태였다. 화난 오십 대 여성이 부동산 중개사에게 삿대질하며 말했다.

"돈을 받아먹고 이렇게 일해도 됩니까? 도대체 사람들이 문제 많아요."

이 말을 듣고 있던 오십 대 남성이 큰소리로 말했다.

"중개사가 무슨 죄인가요? 사람이 아니라 돈이 문제입니다."

부동산 중개 사무실에는 정적이 흘렀다. 돈이 문제면 꼭 사람도 문제가 되는 것이 현실이다. 돈은 엄중한 현실, 천사가 돈을 가지고 오지 않는 한 이 '올 스톱'을 누가 풀 수 있겠는가.

"제가 책임지겠습니다. 한 시간 이내로 부족한 잔금을 만들어 오겠습니다. 다들 걱정 마세요."

부동산 중개사가 나섰다. 그는 통장에 있는 현금을 전부 출금하고 부족분은 자신과 아내의 신용 카드로 대출받았다. 사람들 발등에 불이 활활 타오르기 직전에 겨울 불을 껐다. 돈이 문제 맞다. 그런데 그 문제는 사람이 해결한다. 사람이 천사다.

돈 반성문 ⑦

위대한 예술가는 돈보다 예술성을 먼저 선택한다

"친구들이여 박수를 쳐라. 코미디는 끝났다."

베토벤이 임종 직전에 친구 슈테판 폰 브로이닝에게 남긴 유언이다. 여기서 그가 얼마나 비극적으로 살았는지를 반어법으로 알 수 있다.

베토벤은 알코올 중독자였다. 양극성 성격 장애가 있던 걸로 보는 심리학적 관점도 있다. 그의 〈운명 교향곡〉 서두에 나오는 '꽝 꽝 꽝, 꽝….'은 음악적 기교의 발상이 대단한 게 아니다. 음악가로서는 최악의 상태인 난청을 승리의 찬가로 대신하려고, 평범한 천둥소리로 청각을 스스로 자극한 것에 불과하다는 분석도 있다.

그는 경제적 이유로 공부를 포기했다. 어머니가 죽고 아버지가 알코올 의존증이 있어 십 대 때부터 가족의 경제를 책임져야 했기 때문이다. 그러나 베토벤의 능력은 그를 돕는 후원자를 늘 곁에 있게 하는 데 있었다.

반면 슈베르트는 악보 한 장 살 돈이 없을 정도로 가난하게 살았다. 그래서 혹자는 베토벤은 인복을 타고났고 슈베르트는 인복이 없다고 한다. 그러나 인복은 저절로 얻어지는 것이 아니라 현실에 적응하는 능력에서 비롯한다.

그는 청중을 즐겁게 해 주는 피아노 소나타 열정, 비창, 월광 등을 작곡했다. 그리고 자신의 음악적 성향과는 거리가 먼 〈전쟁 교향곡〉을 남겼는데, 이런 작품들은 돈벌이용이었을 가능성이 크다는 분석이 있다.

한 사람의 현실 적응 능력은 버는 액수와는 상관없이 그가 돈벌이를 하느냐, 못하느냐로 가늠할 수 있다. 음악은 음악이고 돈은 돈이다. 아무리 예술 감각이 뛰어나도 생존 욕구를 저 버릴 수는 없다. 할 수 있는 한 돈 버는 일을 해야 산다.

베토벤은 상업성 연주곡도 작곡했으나, 그렇다고 그의 타고난 음악성을 돈과 전부 다 타협해 버리지는 않았다. 역시 위대한 예술가는 돈보다 예술성을 먼저 선택한다.

돈 반성문 ⑧
돈은 최악의 불행을
차선의 행복으로 바꾸어 준다

I는 신혼을 옥탑 단칸방에서 시작했다. 화장실이 없어 아침에 씻을 때나 용변이 급하면 1층 주인집 화장실을 사용했다. I의 머릿속은 돈 생각으로 가득 차 있었다. 돈만이 옥탑 단칸방의 서러움을 씻어 줄 것이다.

그는 대리운전을 포함해 스리잡three job을 했다. 대리운전은 돈보다도 취객들을 태워 사업 정보를 얻기 위해서 했다. 고급 외제 승용차를 탄 취객들의 비위 맞추며 말을 걸면 사업을 자랑하는 경우가 많다. I는 사업상 중요한 정보다 싶으면 수첩에 꼼꼼히 메모했다.

I가 차분하고 인내심이 있다면, 아내는 성급하고 짜증을 잘 냈다. 열심히 일하는 남편을 보고도 박수는 고사하고 희망이 안 보인다며 잔소리를 많이 했다.

"그러면 돈 많은 남자 만나지, 가난뱅이 남자 만나 결혼했으면 함께 고생할 생각을 해야지."

I가 이렇게 설득해 봤자 별 효과도 없었다. I는 아내에게 복수하기 위해서라도 돈 벌어야겠다고 했고, 아내는 그런 복수는 얼마든지 받겠다고 했다.

I의 수첩에 메모해 둔 아이템 중에 하나가 서서히 터져, 드디어 사업이 안정됐다. 돈이 들어오자 I는 대리운전하면서 쌓인 한 때문인지 유난히 외제 승용차와 사치스러운 옷에 집착했다. 아내는 이를 이해할 수 없어 의심했다.

과거 홧김에 자주 내뱉은 말들이 이뤄졌다. I는 아내에게 복수하려고 별거를 요청했고, 아내는 차라리 좋다고 했다. I는 충분히 버는 돈으로 양쪽 살림을 책임진다. 아내 역시 전처럼 몸 쓰는 일을 하지 않아도 남편이 보내 주는 돈으로 취미 생활하면서 최선은 아니어도 차선의 삶을 살고 있다.

돈은 이 부부에게 최악의 불행을 피하고, 차선의 행복을 유지하게 해 주었다. 인생사 꼭 최선만 고집할 것은 아니다. 차선도 괜찮고, 차차선도 괜찮다.

돈 반성문 ⑨
마법사는
돈을 가지고 찾아온다

어린 시절, J에게 돈은 두려운 거였다. 어머니는 이렇게 살 바에야 차라리 죽는 게 낫다고 한숨짓는 말씀을 자주 했다. 어린 J는 그 말이 매우 두려웠다.

"돈이 없으면 죽는구나!"

어린 시절에 끼닛거리가 없어 굶으면 형제들끼리 이불을 뒤집어썼다고 한다. 왜 이불을 뒤집어썼느냐고 물었더니, 밥을 굶으니 세상이 두려워 그 두려움을 방어하려고 이불을 뒤집어썼다고 했다.

극심한 가난으로 가족이 함께 자살한 가슴 아픈 뉴스를 간혹 접한다. 그렇다고 자살까지야, 살면 다 살아지는 게 인생이라고 생각할 수도 있다. 인생은 살면 살아지는 것도 맞다.

그러나 그 '살면'이 어떤 누구에게는 두려움이다. 두려움이 너무

커서 더 이상 견딜 수 없으면 생명을 포기한다. 한국의 높은 자살률은 황혼에 찾아오는 빈곤 때문이기도 하다. 한국은 OECD 회원국 중 황혼 빈곤율이 1위라고 한다.

J는 이불을 뒤집어쓸 때마다 다짐했다.

"어디 두려울 때까지 두려워 보자"

하루도 안 지나서 어머니가 밥을 지어 주었다. J는 두려울 때마다 자기 최면을 걸었다.

"두려움을 버티자. 마법사 엄마가 찾아와 밥을 지어 주실 거다."

J는 부모로부터 땡전 하나 물려받은 것은 없지만, 든든한 무형 유산을 상속받았다. 어머니는 이렇게 사느니 차라리 죽는 게 낫다며 두려움을 야기하면서도, 마법사처럼 꼭 밥을 차렸다. 자식은 부모의 말이 아니라 행위에서 배운다.

이제 어머니는 세상을 떠났지만, '마법사 엄마'는 J의 마음에 아직도 살아 있어서 힘들 때마다 J를 다그친다.

"바보같이 그까짓 일로 기가 죽다니, 차라리 죽던가. 아니면 죽기로 하고 살던가."

마법사 엄마는 위기 때마다 J를 찾아오고, J는 그 말을 듣고 지금까지 잘 살고 있다. 죽기로 하고 사니까 마법이 일어나고, 마법사는 살게 해 준다. 돈에 관한 한 내 힘만 의지하지 말고 마법사도 의지하라. 간절히 원하면 꼭 필요한 돈은 생긴다.

돈 반성문 ⑩
돈 욕망을
신에게 투사하지 말라

K는 무심결에 버스 차창 밖을 봤다. 왼쪽에 21세기 방식으로 리모델링된 중세 유럽의 궁전 같은 대형 교회가 우뚝 서 있었다.

"우와…."

자신도 모르게 감탄사가 나왔다.

버스가 가까이 가니 교회 이름이 선명히 보였다. K는 한 번 더 놀랐다.

"아, 이 교회가 김재환 감독의 다큐 영화 〈쿠오바디스〉에 나오는 C 교회였구나. 그뿐인가, 불법 건축물 논란도 있었지."

쿠오바디스는 '주여, 어디로 가십니까?'라는 뜻을 가진 라틴어다. 영화는 부를 축척하고 과시하는 대형 교회의 현실이 종교의 본질과 맞는지를 비판적으로 다뤘다.

종교가 부를 축적하면 망조다. 부를 축적하는 교회는 틀림없이 성도들의 불안을 자극하고 위로와 안심과 축복을 약속해 준다. 그리고 은근하나 강한 간접적 방법으로, 혹은 직접적 방법으로 헌금을 강요한다.

종교의 본질은 내면의 영성으로 외적인 것을 다스리는 건데, 대중화된 종교는 그 반대인 제도로서의 종교를 유지하려 급급하다. 인간의 종교적 욕망과 성스러움이 투사되기에 가장 좋은 대상은 성전이다.

K는 중얼거렸다.

"교인들 호주머니 여느라 애 많이 썼을 거다. 다 짓고는 대한민국 최고의 성전이라며 예수님이 너무 너무 기뻐하신다고 얼마나 들썩거렸을까."

K는 속에서 매스꺼움이 올라왔고 반사적으로 물었다.

"그래서, 신이시여, 기쁘신가요?"

신이 말씀해 주는 것 같았다.

"너 화났구나. 화는 네가 성장하는 데 전혀 도움이 되지 않는다."

K는 더 화가 났다.

"그래서요?"

신이 말씀했다.

"너는 나에게서 배우라."

얼마 전, 텔레비전 저녁 뉴스에서는 서울에 있는 모 교회 담임 목사의 부자 세습에 관한 내용을 다뤘다. 한국 교회의 부자 세습은 하루 이틀 일이 아니다. 오래전부터 교회 크기와 상관없이 변칙 혹은 합법적 교회법에 따라 이뤄졌다.

이런 일이 쉽게 일어나는 이유는 성도 다수는 세습 초기에는 반발하지만 한 일 년만 지나면 다 적응하기 때문이다. 그 소식을 듣고 화난 기독교인이 나를 찾아와 불평했다.

"어떻게 담임 목사직을 그렇게 세습시킬 수 있어요? 그게 성서적으로 맞나요?"

나는 말했다.

"인간의 욕망 때문입니다. 대형 교회 담임 목사가 가지는 인사권과 재정권은 당신이 생각하는 것 이상입니다. 당신이라면 그 영화를 자식 말고 다른 사람에게 주겠습니까?"

질문자는 다시 물었다.

"글쎄요. 그래도 교회는 개인 소유가 아니잖아요."

맞는 말이다. 그러나 나는 원론적인 말에 짜증이 나기도 한다.

"그렇긴 하죠. 그런데 교회 성장에 큰 공을 들인 목사는 교회를 자기 소유라 생각합니다. 인간의 욕망이 발동하면 하나님도 자기 뜻에 맞게 조각합니다. 보세요. 부자 세습이 하나님의 계시라고 할 걸요."

"그게 옳다는 겁니까?"

"옳다는 것이 아니라, 사람의 욕망이 그렇다는 겁니다."

우리는 잠시 침묵했고, 그 짧은 시간에 무엇인가를 공유하고 있다는 느낌이 왔다. 그때 하나님이 말씀하는 것 같았다.

"돈의 자녀는 돈을 따르고, 나의 자녀는 나를 따른다. 너희는 나를 따르라."

돈보다 값진 인생

나는 사람들과 가장 가까운 거리에서, 가장 깊은 내면의 소리를 듣는다. 내 호주머니 안에는 사람 살아가는 많은 이야기들이 수두룩한데 그것들은 특정인이 아닌 모든 사람의 것이기도 하다. 그중에 하나, 사람들의 삶과 가장 가까운 곳에 있으며 모든 희로애락의 중심에 있는 '돈 이야기'를 이번에 꺼내 들었다.

내 이야기들은 내가 만난 사람들과 들은 이야기 중 돈과 관련된 심리 정서적 갈등은 최대한 살리고, 객관적 사실은 변조하거나 필자의 상상력을 덧붙였다. 사람 살아가는 일에서 흔히 경험하는 매우 구체적이며 현실적인 이야기들이다. 그렇기 때문에 내가 먼저 이 책을 쓰면서 돈 걱정을 덜어 낼 수 있었고, 이 책의 독자들도 그러리라 믿는다.

우리는 단 하루도 머릿속에 돈을 지우고는 살 수 없다. 돈은 행복과 불행, 모두의 원인이다. 나는 사람들의 돈 이야기를 들으면서 생각보다 돈으로부터 자유롭기가 어렵지 않음을 발견했다. 돈을 생각 아래 종속시켜 버리면 된다. 그렇게 하면 돈 말고도, 집중해서 만족을 얻고 의미를 발견할 삶의 소재는 무궁무진하다.

그러나 생각이 돈에 종속당하면 하루 종일 돈 걱정을 하고도 시간이 부족할 것이다. 나는 돈을 생각 아래 종속시키는, 다소 추상적이고 무거운 식자재를 잘게 부수고 양념해 이 책에서 다루었다.

이 책이 심리학 차원만이 아닌 영성 차원으로까지 이어져서, 독자들이 돈의 환상에서 나오는 데에 조금이라도 기여하기를 간절히 바란다. 지금 부자이거나 앞으로 부자가 될 독자에게는 이 책이 물질 그 이상에서 진정한 부자가 되는 안내서가 되기를 바란다.